—— 乡村振兴特色优势产业培育工

中国杂交构树产业
发展蓝皮书

（2024）

中国乡村发展志愿服务促进会 组织编写

中国出版集团有限公司
研究出版社

图书在版编目（CIP）数据

中国杂交构树产业发展蓝皮书 . 2024 / 中国乡村发展志愿服务促进会组织编写 . — 北京：研究出版社，2025．7. — ISBN 978–7–5199–1926–9

Ⅰ . F326.23

中国国家版本馆 CIP 数据核字第 2025YD7226 号

出 品 人：陈建军
出版统筹：丁　波
责任编辑：戴云波

中国杂交构树产业发展蓝皮书（2024）

ZHONGGUO ZAJIAO GOUSHU CHANYE FAZHAN LANPI SHU (2024)

中国乡村发展志愿服务促进会　组织编写

研究出版社 出版发行

（100006　北京市东城区灯市口大街 100 号华腾商务楼）

北京建宏印刷有限公司印刷　新华书店经销

2025 年 7 月第 1 版　2025 年 7 月第 1 次印刷

开本：710 毫米 ×1000 毫米　1/16　印张：13

字数：205 千字

ISBN 978–7–5199–1926–9　定价：43.00 元

电话（010）64217619　64217652（发行部）

乡村振兴特色优势产业培育工程丛书
编委会

顾　　问：陈锡文　匡廷云　印遇龙　闵庆文

主　　任：刘永富

副 主 任：赵国君　欧宏新

成　　员：（按姓氏笔画排序）

王　强　王凤忠　毛永民　李　华　李洪杰

沈世华　陈永忠　陈永浩　罗晓林　姜成英

魏　霞

杂交构树等，向植物要蛋白，加快补齐肉蛋奶中"奶"的短板，是国之大者。促进发展青藏高原青稞、牦牛和新疆南疆核桃、红枣，促进发展西北地区葡萄酒产业，是脱贫地区巩固拓展脱贫攻坚成果和实现乡村产业振兴的需要，也是实现农民特别是脱贫群众增收的重要措施。通过培育重点企业、强化科技支撑、扩大市场销售、对接金融资源、发布蓝皮书等工作，努力实现产业发展、农民增收、企业盈利、消费者受益的目标。

发布蓝皮书是培育工程的一项重要内容，也是一项新的工作。旨在普及产业知识，记录产业发展轨迹，反映产业状况，推广良种良法，介绍全产业链开发的经验做法，对产业发展进行预测、展望，营造产业发展的社会氛围，加快实现高质量发展。从2023年开始，我们连续编写出版了9个产业发展的蓝皮书，受到社会欢迎和好评。

2025年的编写工作中，编委会先后召开编写提纲讨论会、编写调度会、专家评审会等一系列重要会议。经过半年多的努力，丛书成功付梓面世。丛书的编写与出版，得到了各方的大力支持。在此，我们诚挚感谢所有参加蓝皮书编写的人员及支持单位，感谢评审专家，感谢出版社及各位编辑，感谢三峡集团公益基金会的支持。尽管已是第三年编写，但由于对9个特色产业发展的最新数据掌握不够全面，加之能力有限，书中难免存在疏漏谬误，欢迎广大读者批评指正。

下一步，我们将深入贯彻习近平总书记关于发展乡村特色产业的重要指示精神，密切跟踪9个特色产业的发展情况，加强编写工作统筹，进一步提升编写质量，力求把本丛书编写得更好，为乡村特色优势产业的发展贡献力量，助力乡村全面振兴。

丛书编委会

2025年5月

代　序

乡村振兴特色优势产业培育工程实施方案

中国乡村发展志愿服务促进会

2022年7月11日

民族要复兴，乡村必振兴。脱贫攻坚任务胜利完成以后，"三农"工作重心历史性转到全面推进乡村振兴。为贯彻落实习近平总书记关于粮食安全的重要指示精神，落实《国家乡村振兴局 民政部关于印发〈社会组织助力乡村振兴专项行动方案〉的通知》（国乡振发〔2022〕5号）要求，中国乡村发展志愿服务促进会（以下简称促进会）认真总结脱贫攻坚期间产业扶贫经验，选择油茶、油橄榄、核桃、酿酒葡萄、杂交构树，青藏高原青稞、牦牛，新疆南疆核桃、红枣9个特色优势产业进行重点培育，编制《乡村振兴特色优势产业培育工程实施方案》（以下简称《实施方案》）。

一、总体要求

（一）指导思想

以习近平新时代中国特色社会主义思想为指导，全面贯彻习近平总书记关于"三农"工作的重要论述，立足新发展阶段，贯彻新发展理念，构建新发展格局，落实高质量发展要求。按照乡村要振兴、产业必先行的理念，坚持"大

1

食物观"，立足不与粮争地，坚守18亿亩耕地红线，本着向山地要油料、向构树要蛋白的思路，加快补齐粮棉油中"油"的短板、肉蛋奶中"奶"的短板，持续推进乡村振兴特色优势产业培育工程。立足帮助优质农产品出村进城，不断丰富市民的"米袋子""菜篮子""果盘子""油瓶子"，鼓起脱贫地区人民群众的"钱袋子"。立足推动农业高质高效、乡村宜居宜业、农民富裕富足，为全面推进乡村振兴、加快农业农村现代化提供有力支撑。

（二）基本原则

——坚持政策引导，龙头带动。以政策支持为前提，积极为产业发展和参与企业争取政策支持。尊重市场规律，发挥市场主体作用，择优扶持龙头企业做大做强，充分发挥龙头企业的示范带动作用。

——坚持突出重点，分类实施。突出深度脱贫地区，遴选基础条件好、带动能力强的企业，进行重点培育。按照"分产业、分区域、分重点"原则，积极推进全产业链发展。

——坚持科技支撑，金融助力。加强对特色优势产业发展的科研攻关、科技赋能作用，促进科研成果及时转化。对接金融政策，促进企业不断增强研发能力、生产能力、销售能力。

——坚持行业指导，社会参与。充分发挥行业协会指导、沟通、协调、监督作用，帮助企业加快发展，实施行业规范自律。充分调动社会各方广泛参与，"各炒一盘菜，共办一桌席"，共同助力产业发展。

——坚持高质量发展，增收富民。坚持"绿水青山就是金山银山"理念，帮助企业转变生产方式，按照高质量发展要求，促进产业发展、企业增效、农民增收、生态增值。

（三）主要目标

对标对表国家"十四五"规划和2035年远景目标纲要，设定到2025年、2035年两个阶段目标。

——到2025年，布局特色优势产业培育工程，先行试点，以点带面，实现突破性进展，取得明显成效。完成9个特色优势产业种养适生区的划定，推广"良种良法"，建设一批生产基地。培育一批龙头企业、专业合作社和家庭农场等市场主体，建立重点帮扶企业库，发挥引领带动作用。聘请一批知名专家，建立专家库，做好科技支撑服务工作。培养一批生产、销售和管理人才，增强市场主体内生动力，促进形成联农带农富农的帮扶机制。

——到2035年，特色优势产业培育工程形成产业规模，实现高质量发展。品种和产品研发取得重大突破，拥有多个高产优质品种和市场占有率高的产品。种养规模与市场需求相适应，加工技术不断创新，产品质量明显提升，销售盈利能力不断拓展，品牌影响力明显增强。拥有一批品种和产品研发专家，一批产业发展领军人才和产业致富带头人，一批社会化服务专业人才。市场主体发展壮大，实现一批企业上市。联农带农富农帮扶机制更加稳固，为共同富裕添砖加瓦，作出积极贡献。

二、重点工作

围绕特色优势产业培育工程目标，以"培育重点企业、建立专家库、实施消费帮、搭建资金池、发布蓝皮书"为抓手，根据帮扶地区自然禀赋和产业基础条件，做好五项重点工作。

（一）培育重点企业

围绕中西部地区，特别是三区三州和乡村振兴重点帮扶县，按照全产业链发展的思路遴选一批产业基础好、发展潜力大、创新能力强的企业，建立重点帮扶企业库，作为重点进行培育。对有条件的龙头企业，按照上市公司要求和现代企业制度，从政策对接、金融支持、消费帮扶等方面进行重点培育，条件成熟的推荐上市。

（二）强化科技支撑

遴选一批品种研发、产品开发、技术推广、工艺研究等方面的专家，建立专家库，有针对性地对制约产业发展的"卡脖子"技术难题进行联合攻关。为企业量身研发、培育种子种苗，用"良种良法"助力企业扩大种养规模。加强产品研发攻关，提高产品品质和市场竞争力。充分发挥企业家在技术创新中的重要作用，鼓励企业加大研发投入，承接和转化科研单位研究成果，搞好技术设备更新改造，强化科技赋能作用。

（三）扩大市场销售

帮助企业进行帮扶产品认定认证，给帮扶地区产品提供"身份证"，引导销售。利用促进会"帮扶网""三馆一柜"等平台和载体，采取线上线下多种方式销售。通过专题研讨、案例推介等形式，开展活动营销。通过每年发布蓝皮书活动，帮助企业扩大影响，唱响品牌，进行品牌销售。

（四）对接金融资源

帮助企业对接国有金融机构、民营投资机构，引导多类资金对特色优势产业培育工程进行投资、贷款，支持发展。积极与有关产业资本合作，按照国家政策规定，推进设立特色优势产业发展基金，支持相关产业发展。利用国家有关上市绿色通道，帮扶企业上市融资。

（五）发布蓝皮书

组织专家编写分产业的特色优势产业发展蓝皮书。做好产业发展资料收集、整理、分析工作，加强国内外发展情况对比分析，在总结分析和深入研究的基础上，按照蓝皮书的基本要求组织编写，每年6月前对外发布上一年度产业发展蓝皮书。

三、保障措施

（一）组建项目组

促进会成立项目组，制定《实施方案》并组织实施。项目组动员组织专家、企业家和有关单位，分别成立9个项目工作组，制定产业发展实施方案并组织实施。做好产业发展年度总结，编写好分产业特色优势产业发展蓝皮书。

（二）争取政策支持

帮助重点龙头企业对接国家有关产业政策、产业发展项目。协调相关部门，加大帮扶工作力度，争取将脱贫地区重点龙头企业的产业发展规划纳入国家有关部门和有关地区的专项发展规划并给予支持。争取各类金融机构对重点帮扶龙头企业给予贷款、融资优惠,助力重点帮扶企业加快发展。

(三)坚持典型引领

选择一批资源禀赋好、发展潜力大、市场前景广的种养基地作为示范种养典型,选择一批加工能力精深、技术先进、效益良好的龙头企业作为产品加工示范典型,选择一批增收增效、联农带农富农机制好的市场主体作为联农带农富农典型。通过典型示范,引领特色优势产业培育工程加快发展。

(四)搞好社会动员

建立激励机制,让热心参与特色优势产业发展的单位和个人政治上有荣誉、事业上有发展、社会上受尊重、经济上有效益。加强宣传工作,充分运用电视、网络等多种媒体,加大舆论宣传推广力度,营造助力特色优势产业培育工程的良好社会氛围。招募志愿者,创造条件让志愿者积极参与特色优势产业培育工程。

(五)加强协调促进

充分利用促进会在脱贫攻坚阶段取得的产业发展经验和社会影响力,协调脱贫地区龙头企业对接产业政策,动员产业专家参与企业技术升级和产品研发,衔接金融资源帮助企业解决资金难题。发挥行业协会的积极作用,按照公开、透明、规范要求,帮助企业规范运行,自我约束,健康发展。

四、组织实施

(一)规范运行

在促进会的统一领导下,项目组和项目工作组根据职责分工,努力推进9个特色优势产业培育工程实施。项目组要根据产业特点组织制定专家库、重点帮扶企业库的建设与管理办法、产业发展培育项目管理办法,包括金融支持、消费帮扶、评估评价等办法,做好项目具体实施工作。

(二)宣传发动

以全媒体宣传为主,充分发挥新媒体优势,不断为特色优势产业培育工程实施营造良好的政策环境、舆论环境、市场环境,让企业家专心生产经营。宣传动员社会各方力量，为特色优势产业培育工程建言献策。

（三）评估评价

发动市场主体进行自我评价，通过第三方调查等办法进行社会评价。特色优势产业培育工程项目组组织有关专家、行业协会、企业代表，对9个特色优势产业发展情况、市场主体进行专项评价。在此基础上，进行评估评价，形成特色优势产业发展年度评价报告。

CONTENTS | 目录

第二章

杂交构树产业发展外部环境 / 037

第三章

杂交构树产业发展重点区域 / 069

第四章

杂交构树产业发展重点企业 / 103

第七章
杂交构树产业发展趋势与对策 / 165

绪　论

针对我国粮食安全、蛋白质饲料"卡脖子"难题等重大需求，中国科学院植物研究所科技人员以我国起源的野生构树为研究对象，通过杂交选育结合现代生物技术培育出木本、高蛋白、功能型饲用杂交构树新品种。该品种树冠宽阔，分枝旺盛；叶大厚实，光滑无毛；嫩枝和叶有白色树汁；根系发达，侧根多，主要分布在地表浅层，不破坏耕地土壤；雌性母株，败育无种子，萌蘖繁衍，不会无序蔓延和造成生物入侵。在保留野生构树的优良特性，克服茎叶毛糙适口性差、鸟吃果实无序传播、根深破坏土层等不足之外，还具有如下优势：

一是生长快，产量高。种植2个月左右即可采收，暖温带每年采收2~4次，亩产鲜枝叶6吨左右，亚热带采收3~6次，亩产8吨左右；热带采收5~8次，亩产10多吨。而且一次栽种，多年受益，可连续收割15年以上。

二是蛋白质含量高、品质好。干物质粗蛋白含量20%以上，折算成净粗蛋白质，南方条件好的地方1亩杂交构树相当于7亩大豆的产量；而且氨基酸含量高、种类齐全，富含钙和磷等矿物质营养，适口性好，消化吸收率高。叶片中类黄酮含量达5.38%，能显著提高动物免疫机能，增强机体抗病力，减少药物、抗生素等的使用。

三是提质、降本、增效。发展杂交构树"构—饲—畜"一体化生态农牧业，具有"一升二增三降"的效果："一升"，即提升品质；"二增"，即增强免疫力，增加收益；"三降"，即降低养殖成本，降低药物使用，降低面源污染。

四是见效快、易操作、多效益、可持续。种植杂交构树年产值3000~5000元/亩，种养结合年产值1万以上/亩。如一家5口人的农户，种植10亩杂交构树搞养殖,当年可增收致富,第二年可奔小康。

五是耐抗性强,适应性广。抗病虫害,不用打农药,能在极端最低气温不低于−20℃、含盐碱6‰以下的我国暖温带及其以南地区种植,不仅可作为高蛋白饲料的新来源,还是"四荒地"、沙漠化、红漠化、石漠化、盐渍化、矿山、废弃地等生态修复的好树种。

事实说明,杂交构树"以树代粮、种养循环"模式,可有效缓解畜牧业"蛋白总量不足、食品安全堪忧、粪便面源污染"三大瓶颈,是破解我国蛋白质饲料"卡脖子"难题的新途径。在新时代背景下,保障粮食安全、推动农业可持续发展以及助力乡村振兴成为农业领域的核心任务。杂交构树产业,作为农业领域的新兴力量,在这一时代背景下应运而生,并逐渐展现出巨大的发展潜力和独特价值,是推动养殖业节粮、生态治理、乡村振兴和循环经济的重要举措。

自2014年国务院扶贫开发领导小组将杂交构树产业列入精准扶贫十项工程之一以来,杂交构树产业迎来了快速发展期。在政策大力推动下,全国200多个试点县累计种植杂交构树100万余亩,不仅助力打赢脱贫攻坚战,也为产业的全面、健康、可持续发展奠定了基础。目前,杂交构树产业体系逐步完善,形成了"育—种—采—加—养—肥(能)—销"一体化、从田间到餐桌可追溯的闭环产业链业态。国家政策持续发力,自2015年起,国务院办公厅、农业农村部等相关部委先后出台10余个政策文件,将杂交构树列入国家饲料原料目录,明确为"健全饲草料供应体系"新饲草料资源,允许在一般耕地上种植饲用杂交构树,并纳入"十四五"饲草千亿级产业区域特色饲草品种。科技赋能力度也在不断加大,产业实施"种源良种化、繁育工厂化、种植标准化、采加机械化、养殖科学化"五化技术体系,编制发布22项国家团体标准、10项地方标准、33项企业标准,科技部还启动国家重点研发计划项目,为产业发展提供了坚实的科技支撑。产业模式也呈现出多样化态势,自种自养模式、入股务工分红模式、龙头企业带动模式、贷畜还畜模式等不断涌现,有力地推动了产业发展。

在国家相关部委及中国乡村发展志愿服务促进会的指引和大力推动下,2024年,杂交构树产业在科技创新、种植推广、产业融合以及联农带农等方面取得了显著进展,展现出良好的发展态势。

第一,科技创新破解难题。一是品种选育,科研团队持续发力,在抗逆性方面表现突出,能够在寒冷、盐碱地、戈壁滩等恶劣环境下良好生长,在河北张家口蔚县−30℃环境下安全越冬,在新疆喀什地区疏附县的戈壁滩重度盐碱地成功试种并收割加工养鸡,标志着杂交构树在极端恶劣环境下种植的新突破,也为西北暖温带地区开拓蛋白饲料原料新来源提供了有力支持。二是饲用化技术,优化杂交构树生物发酵工艺,攻克了单胃动物消化率低、添加量少的难题,开发出高效生猪、肉鸡和蛋鸡养殖成套技术,并在广东、四川、河北等地应用示范,实现提质、降本、增收效果,为养殖业节粮替代禁抗开辟了有效途径。

第二,产业发展稳健增长。杂交构树种植规模进一步扩大,全国种植面积稳步增长,种植区域分布更加广泛,从广东从化区生态园,到四川安岳县丘陵整治土地,再到新疆疏附县戈壁盐碱地等地都取得了良好的种植成果,呈现出"星星之火"向边际土地进军之势,不仅在适宜种植的中原地区持续扩大种植面积,而且向饲草料刚需的地区辐射延展。在产业模式方面,从业主体从小微民企向国有平台公司转变,从"小而全"向专业化集团军作战转变。如辽宁大连长兴岛管委会,得到中国农业发展银行贷款发展杂交构树种养产业;上海麦金地集团在四川泸县建立中央厨房布局天府"菜篮子"工程,以订单产业模式,从下游出口拉动杂交构树产业集群发展。30家杂交构树产业标本企业统计表明,2024年组培育苗3360万株,种植3.8万亩,生产鲜料3.8万吨、青贮料4.3万吨、干料7000吨、全价料5.6万吨,养殖生猪9.4万头、肉牛6000头、肉羊6000只、肉鸡35万羽、蛋鸡5.9万羽,总产值8.8亿元,其中第一产业产值6.5亿元,第二、第三产业产值2.3亿元;联农带农成效显著,直接解决就业6000人,带动3000户以上的农户增收致富;以2024年为基期年,产业发展指数和产业创新指数值皆为100分。

第三,产业应用效益初显。一是饲用养殖。在饲料领域的应用愈加广泛,越来越多的养殖场开始使用杂交构树饲料,成为解决我国蛋白饲料短缺问题的重要途径之一，不仅降低了饲料成本，还提高了畜禽的肉质和抗病能力。据实验表明，饲喂杂交构树饲料的大白猪在育肥期间每天增重1.1千克，黑山羊生长速度加快18.1%，鸡蛋胆固醇降低一半以上，实现畜禽产品无抗生素，蛋白质含量高，质优味美，为我国畜牧业高质量发展作出重要贡献。二是生态效益。杂交构树凭借其强大的环境适应能力，能够在荒山、荒地、盐碱地等生态脆弱地区生长，有效防止水土流失，改善土壤质量，增加植被覆盖率。在一些石漠化、沙漠化地区，杂交构树的种植成为生态治理的重要手段，为生态环境改善提供了有力支撑。三是乡村振兴。杂交构树产业的发展带动了相关产业的协同发展，形成了种植、加工、销售等完整的产业链，为农民提供了更多的就业机会和增收渠道。产业采取"公司＋基地＋农户""公司＋合作社＋种植户"等经营管理模式，通过土地流转、务工就业、年底分红等方式，让农民充分参与到产业发展中来，实现了稳定增收。如安徽宝楮生态农业科技有限公司在安徽省霍邱县宝塔乡，采取农户土地入股分红模式，参股土地3000亩，每年分红180万元以上，每亩土地增收2000元/年以上，解决农民工就业100多人，增加收入100多万元/年。

第四，积极调研强化"三服"。杂交构树工作组组织相关专家开展服务产业、服务企业、服务基层的科技三服务工作，先后前往14个省（区、市），38个县的地方政府和企业及农户调研指导杂交构树产业发展40多次，取得良好效果。如多次深入河北蔚县调研，制定了杂交构树种养循环方案，全程指导杂交构树种植、生物发酵、猪饲料配制等工作，实现饲料成本每吨节约200多元，养殖效益提高20%。另外，工作组组织人员编写《中国杂交构树产业发展蓝皮书（2023）》，参与中国第二届杂交构树产业论坛和蔚县杂交构树生态养殖座谈会等，得到社会各界的好评，并被新华网、人民网四川频道、《绿色中国》等10多个官方媒体宣传报道。

尽管杂交构树产业取得了一定进展，但当前仍处于"小、弱、散"的早期发育、起步阶段，面临诸多挑战。例如，用地保障不足，限制了产业规模化扩张；缺乏大额资金投入和大型龙头企业带动，导致产业发展动力不足；产供销衔接不畅，影响了产业的经济效益；品牌不健全、经营管理不规范，制约了产业的高质量发展；社会认知不足和业内不良竞争，也对产业形象和发展秩序造成了一定影响。

《中国杂交构树产业发展蓝皮书（2024）》的发布，正当其时。本书分为七章，全面、深入、系统地剖析了杂交构树产业发展的现状与趋势，涵盖产业发展基本情况、外部环境、重点区域、重点企业、代表性产品、效益评价以及发展趋势与对策等多个方面。通过翔实的数据、丰富的案例和深入的分析，为读者呈现了杂交构树产业的全貌，旨在为政府部门制定政策、企业投资决策、科研人员开展研究以及社会各界了解杂交构树产业提供权威、全面、准确的参考依据。

我们坚信，在全社会的共同关注和大力支持下，杂交构树产业必将克服当前面临的困难，不断发展壮大。它将在保障国家粮食安全、推动农业绿色转型、发展生态大健康产业、促进乡村全面振兴等方面发挥更加重要的作用，为实现农业强国目标贡献独特力量，成为农业领域一个璀璨的明星产业。

第一章

杂交构树产业发展
基本情况

　　杂交构树产业主要推行杂交构树"以树代粮、种养结合"、"构—饲—畜"一体化生态农牧业循环经济模式。即以高蛋白'科构101'新品种、生产无抗饲料和高品质畜产品、打造科技赋能特色优势品牌的"三品"战略思路，采用种源良种化、繁育工厂化、种植标准化、采加机械化、养殖科学化的"五化"技术路线，通过组培快繁育苗，种植饲料作物，采收青贮加工，做蛋白原料添加，生产全价饲料，发展减抗或无抗养殖，生产优质安全健康肉蛋奶，同时粪便加工有机肥，或沼气化变成燃能或发电，沼液作有机肥，回到杂交构树大田，形成"育—种—采—加—养—沼—肥—能—销"可持续、生态、健康、有机闭环产业链业态。

第一节　种植产业情况

一、区域分布

　　杂交构树属于阳性喜光树种，温度积温越高、光照越强、雨水肥力越充足，生长越快、产量越高、品质越好。同时，也有很强的适应性，可在年极端低温-25℃、年降雨300毫米、含盐量6‰的我国暖温带及其以南地区种植，在有灌溉条件的甘肃河西走廊、新疆南疆以及西藏海拔3000米以下的河谷平川也可人工栽种。杂交构树最大的限制因子是冬季极端最低气温和有效生长积温，决定了其是否能越冬和种植成败，土壤肥力、水分和盐碱等因子在一定程度上可以人为干预和调节，满足杂交构树生长的需要。按照气温带来划分，我国暖温带为杂交构树种植的极限分布区，亚热带为良好分布区，热带为最佳分布区。根据温、光、水、肥等自然禀赋和农牧产业及社会经济等因素，目前，杂交构树种植和养殖发展的区域，主要分布在我国西南地区和中部地区，呈零星散落状态。

杂交构树有很强的适应性与抗病虫害能力,可在干旱、瘠薄、盐碱、石漠化、沙漠化及矿山等难以种树的地方成活生长,可作绿化和水土保持树种,适于在我国多数省区种植推广。由于收获过程中不挖根,不扰动土层,因而在防风治沙、盐碱地治理和改良及石漠化、沙漠化土地治理等方面效果显著。

二、种苗繁育

杂交构树'科构101'树种为单性雌株,败育,不能形成种子,无性繁殖,在自然条件下以萌生和根蘖繁殖扩大种群,繁殖速度有限。由于是木本植物,早期尝试扦插、压条、嫁接等多种传统育苗方法,但因其生长速度快、茎秆中空、木质化程度低,这些育苗手段都不能大量、快速、无毒获得优质克隆苗。组培苗是利用植物细胞全能性原理,通过组织、细胞培养再生的与母体遗传相同的新植株,是典型的克隆苗。杂交构树组培快繁是选生长健康、强壮植株的顶芽做外植体,表面消毒后剥取茎尖,经过病毒杀灭培养后得到无菌无毒苗,全过程在组培室内无菌操作、人工固定光照和温度下培养,试管苗无毒无菌,遗传稳定,整齐一致,同时,不受季节、天气影响,可全年无休大量生产。

图1-1 杂交构树组培苗生产

目前,全国续存杂交构树组培育苗企业有7家,年产能达5.5亿株。2024年生产种苗的企业有4家，产量3360万株，产值5261万。多数为自繁自用的全产业链企业，如贵州务川科华生物科技有限公司、兰考县中颉运营管理有限公司等，市场需求小，外销量较少。

三、种植栽培

当前，杂交构树种植存在产量不稳定、品质不均一、土壤退化等问题，其核心成因包括土壤养分失衡、种植密度不合理引发的群体竞争加剧，以及缺乏区域特异性栽培技术等。为系统解决上述问题，中国农业大学联合中国科学院地理研究所依托国家重点研发专项，在山东省泰安市宁阳县构建了多因子调控试验平台，开展减氮配施生物炭/生物有机肥及密度优化关键技术研究。

图1-2　杂交构树种植

左上：平地种植；右上：台田种植；左下：石漠地种植；右下：盐碱地种植。

1. 规程技术

杂交构树栽培采用组织培养容器苗，栽植宜选春季，采用宽窄行错株种植，推荐株距0.5~0.6米、行距1.2米（1482株/亩），整地时亩施腐熟有机肥搭配生物炭或生物有机肥。田间管理遵循"幼苗期少量勤浇、速生期（6—8月）少次多量、9月中旬后停水"的水分调控策略；施肥采用"减氮配施"模式，即每亩施无机氮肥14~17千克（较常规减量15%~30%）并配施生物炭300千克或生物有机肥400千克，分两期施用。除草推荐多年生地块铺设防草地布（可使用5年以上），省时省工；病虫害防治针对二斑叶螨，采用30%乙唑螨腈悬浮剂100毫克/升喷雾，施药后14天防效达96%以上。收割期植株高度达1.2~1.5米时进行，年收割4~6茬，留茬高度20~30厘米以促新芽萌发。

2. 产量品质

杂交构树年鲜枝叶产量4~7.5吨/亩，单茬鲜枝叶产量1~1.5吨/亩，干物质含量25%~30%，粗蛋白含量16%~20%DM，与苜蓿相当，富含氨基酸、矿物质等营养成分。减氮15%配施生物炭处理产量最高，氮肥减量30%配施生物有机肥显著提升粗蛋白含量。种植密度1.2米×0.6米×0.50米（1482株/亩）时产量与品质平衡最优，过密会导致粗蛋白下降、纤维含量上升。通过青贮加工添加乳酸菌（$4×10^5$ CFU/克）可降低pH、保存干物质、提升发酵品质。其产量受密度、土壤肥力、收割高度等因素影响，一次种植可连续收割10年以上，兼具生态效益（适用于荒山、盐碱地修复）与经济效益（助力"构—饲—畜"循环产业），是缓解我国蛋白饲料短缺的重要木本饲料资源。

3. 种植面积

截至2024年底，全国累计种植杂交构树120多万亩，30家样本企业累计种植23.8万亩，当年有10家企业新增种植面积3.8万亩。种植万亩以上的企业有贵州务川科华生物科技有限公司、兰考县中颍运营管理有限公司等，主要分布在河南、陕西、贵州、广东。

四、农机装备

杂交构树繁栽农机装备主要针对组培育苗环节、地块整理与种苗移栽环节、田间管理环节所需机械装备。

1. 组培育苗装备

组培实验室设备：包括超净工作台、培养箱、光照培养箱、生化培养箱等，这些设备用于提供无菌的环境和适宜的温度、湿度、光照等条件，以保证杂交构树组培苗的生长和发育。

培养容器和培养基制备设备：如培养瓶、培养皿、烧杯等，以及用于配制培养基的天平、搅拌器、高压灭菌锅等设备。培养基是组培苗生长的关键，需要精确配制并进行严格的灭菌处理。

育苗容器和设备：包括无纺布容器钵制作机、育苗袋等。同时，还需要配备相应的灌溉设备、遮阳设备等，以保证幼苗的正常生长。

2. 地块整理与种苗移栽机械

拖拉机与深耕犁：在种植前，需要对地块进行全面或带状整地，使土壤疏松，以便于杂交构树的根系生长和吸收水分养分。拖拉机是常用的整地动力机械，通过挂接深耕犁等农具，可以有效地翻耕土壤，打破犁底层，提高土壤的通透性。

起垄覆膜机械：为了提高杂交构树的种植密度和生长质量，在一些地区会采用起垄覆膜的种植方式。起垄覆膜机械能够在一次作业中完成起垄、覆膜等多道工序，提高作业效率，保证覆膜质量，有利于保持土壤湿度和温度，促进杂交构树的生长。

容器苗移栽机：杂交构树的机械化种植主要适用于地形平坦且造林地集中连片的平原、草原、沙地、滩地等地区。容器苗移栽机可以完成开沟、植苗、覆土、镇压等工序，提高种植效率和成活率。这种机械能够保证苗木在移栽过程中的完整性并保护根系，减少苗木的损伤，有利于苗木的快速生长。

3. 田间管理机械

田间管理机械主要用于杂交构树生长期间的施肥、灌溉和植保喷药作业等,作业机械主要有施肥机械、灌溉机械和植保机械等。

施肥机械:施肥机是用于施放肥料的机械设备,能够根据杂交构树的生长需求和土壤肥力状况,精确地将肥料施入土壤中。施肥机有多种类型,如固态化肥施肥机、液态化肥施肥机等,可以根据不同的肥料种类和施肥方式进行选择。

撒(抛)肥机:撒(抛)肥机主要用于大面积的肥料撒施作业,能够快速、均匀地将肥料撒布在种植区域内。这种机械适用于杂交构树的大规模种植基地,在施肥效率和均匀性方面具有明显优势。

喷灌灌溉机械:喷灌机是一种常见的灌溉设备,通过喷头将水喷洒到杂交构树的种植区域,能够模拟自然降雨过程,使水分均匀地分布在土壤表面。喷灌机具有操作简便、灌溉效果好、适用范围广等优点,适用于杂交构树的各个生长阶段。

微喷灌设备:微喷灌设备是一种节水型灌溉技术,通过微喷头将水以细小的水滴或水雾的形式喷洒到植物根部附近,能够精确地控制灌溉量和灌溉范围,减少水分的蒸发和渗漏损失。这种设备特别适合在水资源相对匮乏的地区使用,有利于提高杂交构树的水分利用效率。

植保喷雾机:植保喷雾机是杂交构树种植中常用的植保设备,用于喷洒农药、叶面肥等,防治病虫害和进行叶面施肥。喷雾机有手动、机动等多种类型,能够根据种植面积和作业需求进行选择。使用喷雾机可以提高药液的雾化效果和覆盖均匀性,增强防治效果。

植保无人驾驶航空器:随着科技的发展,植保无人驾驶航空器(无人机)在杂交构树种植中的应用逐渐增多。无人机具有作业效率高、灵活性好、适应性强等优点,能够在复杂的地形和种植环境下快速完成植保作业,减少人工劳动强度和农药使用量。

目前,杂交构树的繁栽机械在组培育苗、种植和田间管理等环节都有了一定的应用和发展，但仍有一些不足之处。例如，组培环节的自动化程度还有待提高，育苗环节的设备需要进一步优化以适应大规模生产的需求，种植环节和田间管理机械需要更好地适应不同地形和种植模式等。随着科技的不断进步和产业的发展，杂交构树繁栽机械有望在未来得到进一步的改进和完善，为杂交构树的大规模种植和产业发展提供更有力的支持。

图1-3　杂交构树采收加工机械作业

左上：坡地割灌机采收；右上：枝叶粉碎；左下：平地收割机采收；右下：袋式青贮。

五、产业模式

杂交构树饲用种植生产模式主要分为自种模式、"公司+农户"模式、"村集体+公司+合作社"模式和"政府+公司+农户"模式等。

1. 自种模式

自种模式是指企业或农户自己投资种植杂交构树，并将收获的杂交构树枝叶用于饲养自家牲畜或对外销售的模式。这种模式投入相对较小，风险较低，但规模化程度不高，产量和效益也相对较低。具体操作如下：

企业流转土地，或农户根据自己的土地面积和饲养需求，确定杂交构树种植面积。自行生产或购买杂交构树苗木、肥料、农药等生产资料,进行杂交构树种植。企业、农户在杂交构树生长过程中进行田间管理,包括除草、施肥、灌溉、病虫害防治等,杂交构树长成后,农户可根据需要进行收获,将枝叶用于饲养自家牲畜或对外销售。

2.“公司＋农户”模式

“公司+农户”模式是指由公司提供杂交构树苗木、技术指导、收购保障等,农户进行杂交构树种植和管理,并将收获的枝叶卖给公司的一种合作模式。这种模式能够有效发挥公司和农户各自的优势,实现优势互补,促进杂交构树种植产业的规模化、标准化发展。具体操作如下:

公司与农户签订杂交构树种植合同,明确双方的权利和义务。公司为农户提供优质杂交构树苗木和种植技术指导,并约定收购价格。农户按照公司要求和技术规程进行杂交构树种植和田间管理。杂交构树长成后,农户按照合同约定将枝叶收获后卖给公司。公司根据质量和数量进行统一收购。公司将收购的杂交构树枝叶进行加工处理,制成饲料产品进行销售。

“公司+农户”模式通过合同订单的方式保障了农户的种植利益,同时也为公司提供了稳定的原料供应,有利于整个产业链的健康稳定发展。但这种模式对公司的组织管理能力和资金实力要求较高,前期需要大量投入,风险相对较大。

3.“村集体＋公司＋合作社”模式

为发展村集体经济,培育乡村特色产业,农户以土地入股成立合作社,村集体以产业资金入股,企业出资并负责技术及销路,采取“统一流转土地、统一购苗、统一栽植、统一管理经营”模式,形成集杂交构树种植、构树饲料加工和畜禽养殖于一体的循环农业发展格局。所产生的收益,大部分分红给农户所在的合作社,增加农民的收入,村集体分红部分再支持产业发展和进入公益基金,企业分红作为资本投资利润。

4.“政府＋公司＋农户”模式

政府和龙头企业集中连片地整合乡村闲置资源,统一指导农民进行杂交构树规模化种植、统一进行杂交构树鲜枝叶定点回收，产量和质量均较为稳定。该模式可为农民带来稳定的就业与增收，有利于农民回到乡村依托种养循环绿色农牧业生产与生活。

第二节　饲草料产业情况

一、原料类型及加工工艺

1. 营养特性

杂交构树粗蛋白含量16%~20%，粗脂肪含量1.58%~5.31%，具有较高营养价值，含有11种人体必需氨基酸（EAA）和8种非必需氨基酸（NEAA），EAA/NEAA比值超过60%。此外，杂交构树还富含矿物质，其钙含量为2.23%~3.64%，磷含量为0.30%~0.60%。

然而，杂交构树作为饲料原料也存在一些限制性因素，新鲜杂交构树含水量较高，可溶性碳水化合物含量较低（约16%），自身附着的乳酸菌数量少。另外，杂交构树纤维含量偏高，单胃动物对其消化利用率较低。这些特点决定了必须通过科学的青贮技术来提高杂交构树的饲用价值。

2. 青贮加工

（1）适时刈割。杂交构树所含蛋白质含量、活性物质、维生素、矿物质等营养成分随着其生育期的进程不断变化。一般来说，牧草及饲料早期营养成分含量较高，因此选择适合的刈割时期有助于调制出较为优质的青贮饲料。除此之外，我们还应了解饲料单位面积的产量，考虑采食率和消化率以及单位面积干物质产量的相互关系。

（2）含糖量。青贮时原料所含有的可溶性糖含量（葡萄糖、果糖、蔗糖等）影响着青贮饲料的发酵品质和营养成分，是决定饲料青贮品质的关键因素之一。一般来说，青贮时原料所含有的可溶性糖含量越多，乳酸含量也越高，乙酸和丁酸含量则越低。当原料的可溶性糖含量比较低时（占鲜重1%以下），较难调制出优质的青贮饲料。

（3）含水量。原料含水量在较大范围内均可制作青贮饲料，但是为了获得优质青贮饲料，含水量一般以65%~75%为宜。当原料含水量过高时，可通过晾晒、干燥或添加干物质含量较高的原料混贮来获得合适的总含水量。

（4）加工方式。杂交构树的木质化程度高于一般草本植物和禾本科植物，在收获和加工方面应采取适宜的措施，以确保能够调制出成功的木本青贮饲料。制作青贮原料时，幼嫩枝条可采用切碎方式，将其剪至2~3厘米待用；生长年限较长的老化枝条适合采用大功率揉搓机进行揉搓处理或采用大功率揉碎机进行切碎处理，确保原料达到符合调制青贮饲料的状态。

（5）封闭厌氧条件。青贮能否成功，取决于发酵初期乳酸菌能否大量繁殖成为优势菌群。乳酸菌在封闭厌氧条件下生长繁殖旺盛；有氧条件下，生长繁殖受到抑制，同时好氧性细菌的繁殖也会对其产生不利影响。在青贮饲料调制过程中可通过切碎、装填、压实、及时密封等措施减少青贮饲料中的空气含

图1-4 杂交构树多元化饲料

左上：鲜绿料；右上：青贮发酵料；左下：干料；右下：颗粒料。

量,为乳酸菌的大量繁殖提供有利环境,同时达到抑制好气性微生物活力的目的。

（6）添加剂。发酵可以提高杂交构树粗蛋白含量,降低酸性洗涤纤维和中性洗涤纤维含量,改善杂交构树的适口性和消化性能。杂交构树青贮品质的改良主要通过添加化学试剂、微生物制剂及生物酶等方式实现。其中,专用型乳酸菌和生物酶的应用具有显著效果。研究表明,酶制剂的添加能促进杂交构树中纤维素和聚糖的体外降解,产生的可溶性碳水化合物为乳酸菌提供发酵底物,从而显著改善青贮品质,这种改良效果主要源于发酵过程中木质纤维结构的改变。作为木本饲料,杂交构树中大分子的纤维素在发酵过程中被降解转化为易消化吸收的小分子物质,这种结构性改变显著提高了其在单胃动物中的消化利用率。

3. 液态发酵

杂交构树叶液态发酵饲料的加工工艺以玉米、豆粕、鱼粉、豆腐渣、预混料和杂交构树（占比10%）为基础原料,采用酵母菌、植物乳酸菌和枯草芽孢杆菌按3:3:2的比例进行联合发酵,总接种量为4%。该工艺通过微生物作用有效降解杂交构树叶中粗纤维和木质素,富集乳酸菌等益生菌,提升饲料的适口性和营养吸收率。研究表明,当液态发酵杂交构树饲料替代2/3固态全价日粮用于断奶仔猪饲喂时,可显著降低料重比和腹泻率,改善肠道菌群结构,提高生产性能与健康水平。该工艺技术成熟、效果显著,具备良好的应用推广前景,是推动杂交构树资源高效利用和饲料产业绿色发展的重要路径之一。

4. 颗粒料

随着杂交构树饲用价值研究的深入推进,以杂交构树为主要原料,科学配比多种营养成分,通过干燥、粉碎、混合、高温高压制粒等标准化工艺制备而成的颗粒料,既保留了杂交构树丰富的植物蛋白与生物活性物质,又提升了饲料的适口性与稳定性。如河南郑州企业自主研发出国内首款以杂交构树为核心成分的肉牛全混合型颗粒饲料——"楮犇犇·构树全日粮",该饲料在肉牛育肥阶段具有良好的增重效果和肠道健康调节作用,为杂交构树资源在反刍动物领域的高效利用树立了产业化应用典范。

5. 干粉

自2018年启动建设以来,位于河南省兰考县的杂交构树干粉加工基地已发展成为构树资源深加工的重要示范平台。基地占地近2万平方米,建有国内首条自主研发的"输送—恒温烘干—成粉"一体化智能化生产线,显著提升了构树干粉的加工效率与产品稳定性。通过精细化干燥与粉碎工艺,有效保留构树天然营养成分,满足肉牛各生长阶段对功能性饲料的需求,助力降低疫病风险,提升规模化养殖效益,为构树饲料产业化发展提供了有力支撑。

二、饲草料生产与市场优势

(一)生产优势

饲草料高效生产是推动畜牧业发展的重要基础,对于保障我国奶类、牛羊肉等畜产品供应,优化城乡居民膳食结构具有重要意义。为健全饲草供应体系,国务院办公厅《关于促进畜牧业高质量发展的意见》中明确提出要因地制宜推行粮改饲,积极开发利用杂交构树等新型饲草资源。

1. 生长周期短、高产稳产、再生性佳

杂交构树作为一种优质饲料原料,具有生长速度快、产量高的优点。每年可采收4~6次,南方条件好的地区亩产嫩枝叶可达8吨左右(干重2吨以上)。并且杂交构树为多年生作物,一次栽种即可连续收割10~15年。如此大范围、速生、高产的独特优势,为从源头上推动我国杂交构树在适宜地区的大面积种植、杂交构树饲料的规模化生产、生态养殖的可持续经营和生态养殖产品的稳定供给提供了现实的可能。

2. 机械化收割便利,降低人工成本

杂交构树的机械化程度远高于其他树种,实现了从人工采叶到机械化收割的转变,并且由中国农业机械化科学研究院集团有限公司设计的自走式杂交构树收割机解决了根系低扰动机械化平茬收获的问题,突破了低损平茬收割、喂入负荷自动调控技术,实现了平茬收割、输送、切碎、装箱联合收获。该成果填补了杂交构树机械化收获技术装备的国内空白,总体上达到国内领先水平,

为产业规模化发展提供了坚实技术支撑。

3. 加工便利，满足多样饲料需求

杂交构树茎叶采收后可将新鲜茎叶直接饲喂家畜，其适口性较好，对家畜也有较好的效果。还可以进行青贮发酵，或制成干粉、颗粒料等饲料，以满足不同畜禽对不同饲料的需求。青贮杂交构树饲料直接饲喂家畜，适宜农户，简便易行。

总之，我国已基本具备大力发展杂交构树生态养殖的条件。首先，我国拥有源头优质品种；其次，中国科学院植物研究所科技人员建立的育种技术可实现工厂化、规模化生产杂交构树苗木；再次，对构树的种植制定了标准化流程；最后，是具有成熟的机械化收割技术，杂交构树饲料的生产具备一定优势。

（二）市场优势

1. 政策鼓励，市场潜力大

国家"粮改饲"政策鼓励木本饲料替代传统饲草，农业农村部于2018年将杂交构树列入《饲料原料目录》，之后更是纳入饲草千亿级重点产业，因地制宜发展产业。同时国家出台相关政策给予杂交构树种植补贴以推动规模化发展，带动贫困人口增收脱贫。

2. 市场需求

杂交构树种植成本低，每吨价格600元左右，每亩年产可达4000多元，纯收入一年则可达2000元以上/亩。在"一带一路"的背景下，向对牛羊肉市场需求巨大但优质饲料供应不足的国家出口我国杂交构树饲料可推动其生态养殖产业的大发展，也增加了我国优质饲料的出口量。

3. 生态效益优势

杂交构树具备高适应性的优点，即它可种植在盐碱地、荒漠化土地、边际地上，既大大降低土地成本，又避免与粮食争土地。前些年国家"构树扶贫工程"在西南等地的实施也表明，通过发展杂交构树生态养殖产业实施生态扶贫和生态治理，不仅可以为当前的脱贫摘帽作出独特贡献，还可以为当地生态系统的保护修复、促进当地生态环境持续改善和经济社会可持续发展提供有

效解决方案。

4. 规模化生产优势

众多企业抓住这一机遇,投身杂交构树产业建设中。众望所归科技集团有限公司在广东五华建设木本饲料厂,通过公司的核心技术将杂交构树、饲料桑、辣木、柠条等木本植物破碎后,利用多菌种复合益生菌进行二次发酵,转化为蛋白质含量高、生物量大、功能成分丰富的新型蛋白饲料。同时,杂交构树产业的发展带动就业并形成规模化生产,展现出强劲的市场竞争力与广阔发展前景。

5. 群众认知度不断提高

在我国消费者对肉蛋奶和水产品的消费需求日益增长、对食品安全问题高度关注的背景下,杂交构树生态农牧业的发展正逢其时。以高蛋白、种养循环、无抗养殖、食品安全为特色的杂交构树产业受到农民和消费者的好评。特别是杂交构树生态养殖的畜禽水产品,凭借绿色健康的品质,已经成为广受消费者欢迎的稀缺产品。

三、采加农机装备

杂交构树采加环节主要包括田间机械采收、烘干和饲料加工贮存等,由于杂交构树属于多年生灌木作物,其多次收割的特性对机械收获和加工有着特殊的要求。

1. 杂交构树生长特性对采收的影响

杂交构树作为畜牧饲料,其高蛋白含量和无抗性,给养殖业饲料的发展注入了新的生机,受到了养殖企业和养殖专业户的青睐。杂交构树的采收方式有人工收割和机械收割两种。人工收割是小规模杂交构树饲料林或大山、深山地带常采用的收割方式。人工收割只能满足整枝收割,收割后需要整枝运输至场地后再进行切碎加工。人工收割工序分散,需要较多的人工投入且效率很低,不利于杂交构树的可持续发展。机械化联合收获作业是杂交构树产业发展的必由之路,但构树机械化联合收获不同于大宗农作物以及青贮饲料收获,它是一次种植，多季多年收获，收获过程要考虑下茬枝条持续萌发，但不同于灌木收获。同时，构树皮纤维较多，且有韧性，收割时不恰当的切碎方式会造成纤维结团，给后期的饲料加工和饲喂都带来不便，因此开发适合杂交构树的采收机械对杂交构树产业的发展具有促进作用。2019年国家发改委产业结构调整指导目录中，在鼓励类农业收获机械类别中增加了"杂交构树联合收获机械"品目，鼓励企业投入杂交构树联合收获机械的研发。

（1）杂交构树的多次采收特性

杂交构树多年生长，每年能收获3~5次，可连续收获15~20年。杂交构树耐刈割，且越割侧枝生长越多。杂交构树株高1米刈割，比2米或3米刈割具有更多的优越性。《饲料原料目录》中也规定木本饲料的高度应在3米以下，株高1米时刈割不但营养价值高、适口性好、动物易于消化，且高密度的刈割，反而能刺激和加快侧枝发芽生长，增大了生物量（鲜物质产量）。据统计，杂交构树种植的第一年在1米高度收割，比1.5米高度能多收割一茬，鲜嫩枝叶产量可达4000~5000千克，第二年可多收割2茬，鲜嫩枝叶产量可达8000~12000千克。合理规划构树种植密度，是实现构树在株高1米左右收割的前提条件，否则不能取得较高的营养成分含量和较高的生物产量双赢的结果。种植密度加大、苗木封垄早、收割次数增加、组织幼嫩，也便于机械化采收。

（2）杂交构树的根系保护对采收的影响

杂交构树在中国的温带、热带均有分布，不论平原、丘陵或山地都能生长，具有速生、适应性强、分布广、易繁殖、热量高、轮伐期短等特点。其根系浅，侧根分布很广，生长快，萌芽力和分蘖力强，但多次收割剪伐会对根系形成拉扯，使根系损伤，且多次剪伐后底部茎秆较粗，机器碾压亦会使根系损伤，当土壤水分不足时，根系修复慢，容易造成作物减产。所以，机械化收获一是要求平茬收割时应快速平茬且茬口平整，不能对根系形成拉扯造成根系损伤；二是机械的轮胎应行走于垄沟内，不能碾压根系；三是要求机器重量尽量轻，减轻对田地的压实作用。

（3）杂交构树的种植区域对采收的影响

由于杂交构树生长适应性强，故不必特意占用耕地进行种植，可种植于河滩、荒地、荒山、平原、丘陵或山地等地带。这是一种"不与粮争地"的优质蛋白饲料作物，可在北方地区的半沙化边际土地种植，也可在丘陵坡地、台地种植，种植适应性广，但机械收获时就会带来南北方机械化收获的适应性问题。南方种植杂交构树的地区多为浅坡、台地，且雨水多，田地潮湿、泥脚深，不适合轮式机器作业，应采用履带式专用驱动底盘。北方地区的半沙化边际土地，土质松软，适合采用机器通过性好、驱动力强的高架四轮驱动底盘进行杂交构树的机械化收获作业。

2. 杂交构树饲料化应用对采收作业的要求

（1）杂交构树饲料化应用的方式

鲜食饲料：直接刈割切碎揉搓鲜食饲喂，切碎长度小于5厘米。此方式是最简单、成本最低的方式，但需要每天收割，不适合大规模应用，饲料无法存储。

青贮、微贮饲料：收获后切碎至2厘米以下，可裹包、装袋青贮，也可窖藏青贮。在常温条件下，青贮20~30天，低温可贮50~60天，仍保持较好品质。

蛋白饲料粉饲料：收获后烘干细碎磨粉作为蛋白饲料粉添加在其他饲料中混合后饲喂牲畜。大多为猪饲料、鸡鸭饲料等。

颗粒饲料：根据饲喂要求按照不同的添加比例，将饲料粉或干枝叶和其他饲料混合后压粒制作配方饲料，形成独特的构树颗粒饲料。也可和其他农副产品以及秸秆等经粉碎后充分混合，加入发酵剂以及微生物能量物质，经充分发酵后，出料制粒，形成全营养发酵颗粒饲料。

（2）杂交构树收获机械作业性能要求

长度要求：杂交构树根据不同的饲喂方式可作为粗蛋白饲料用于饲喂牛、羊、鸡鸭和猪等畜禽。用于牛、羊等反刍动物的饲料，要求其切碎长度小于20毫米，用于猪饲料要求切碎长度小于5毫米。由于杂交构树作物的特殊性，要求机器多次收割且切碎质量好，效率高，能耗低，机器重量轻，避免对构树根系碾压造成损伤。做猪饲料可用青贮后饲料二次加工细碎方法实现。

平茬要求：杂交构树因多次收割剪伐易对根系形成拉扯进而使根系损伤造成减产，所以要求平茬收割时，根茬茬口断面平整，茬口平滑，无碎茬、裂茬，防止水分流失过快影响萌芽再生，以利于分蘖、复萌，提高再生生物量。

农艺要求：当收获机械轮距和种植行距不适应时，多次收割会使轮胎碾压杂交构树根部，损伤根系，容易造成再次生长的产量减少。因此在种植杂交构树时要求农艺与农机结合，种植工艺要规范，行距应满足收割设备轮距、割幅要求，避免漏割、压根、压垄现象的发生。

3. 杂交构树采收、加工机械

采收机械是将杂交构树平茬收割离开田间的机械，按收获方式分为割灌机、青饲料收获机、杂交构树专用收获机三种，其收获效率和地区适应性区别较大，需要根据具体情况进行选择。加工机械是杂交构树完成田间采收后，根据不同饲料利用方式，将物料加工成不同形态的饲料的专用加工机械。主要机械种类和用途如下：

（1）割灌机

背负式割灌机是一种便携式割灌工具，操作人员可携带在背部进行平茬操作，平茬后杂交构树铺放在田间，再由人工运输离田。它通常配有旋转刀盘或切割线，适用于小地块种植杂交构树的收获，主要优点是效率比人工收获高2~3倍，缺点是背负式割灌机在操作者背部振动较大，劳动强度大，有效工作持续时间短，收获的物料还需要人工收集搬运离田。

机动割灌机是一种搭载在农业机械上的割灌设备，通常由发动机、割灌刀片和传动装置组成，具有效率高、适应性强的特点，可以用于面积稍大的地块平茬作业，但仍然属于分段收获的方式。

（2）青饲料收获机

青饲料收获机是将田间青饲料作物收割、切碎、抛送集料的机械，收割的作物主要有青饲料玉米和青饲料牧草等。主要工作部件有收割台和切碎抛送装置。收割台多是刀盘上安装有刀片，高速旋转时将植株砍切下来，再输送到切碎装置进行切碎。青饲料收获机可以收割杂交构树，但在收割时容易对根系形成拉扯，造成根系损伤。青饲料收获机普遍机型较重，单机重量7吨以上，工作时容易压实田地，造成根系损伤，特别是在秋末时节，降温期间，损伤的根系无法修复，会出现植株死亡的情况，因此长期使用青饲料收获机收割杂交构树，会引起再生长的严重减产现象。由于青饲料收获机都是轮式驱动底盘，在南方潮湿、泥泞的田地中行走容易下陷，无法作业。

（3）杂交构树专用收获机

杂交构树专用收获机是针对杂交构树收获开发的专用机械，具有一次性作业可完成杂交构树平茬收割、输送、切碎、抛送装箱功能。主要工作部件有低损平茬割台和切碎装置。低损平茬割台是针对杂交构树全株收割的部件，有往复剪切式割台和圆盘锯片式割台，均为有支撑切割方式，具有平茬后茬口平整、根系扰动损伤小的特点。切碎装置为先切段再揉搓，保证切碎物料细碎、均匀，可满足直接饲喂要求。按底盘的驱动形式分，可分为自走轮式构树收获机和履带式构树收获机。

自走轮式杂交构树收获机，采用电控全液压四轮驱动底盘，适合北方沙化、半沙化地区种植杂交构树的收获。

履带式杂交构树收获机，采用窄履带液压驱动底盘，适合南方泥泞潮湿的田地种植杂交构树的收获。

（4）青贮包膜机

主要用于将收割切碎后的杂交构树压成致密圆捆并缠膜形成密闭发酵环境，便于长期存储，一次性作业能完成构树的打捆、裹包、缠膜功能，具备全自动打捆包膜功能。捆包直径有0.4～4.6米多种规格，可根据实际需要选用。

（5）杂交构树高细度粉碎机

杂交构树高细度粉碎机是将田间收获回来的碎断枝叶或树干粉碎成颗粒状或粉末（0.1～0.5厘米），它通常由旋转的刀具或锤头组成，可以通过高速旋转将物料破碎。支持高湿度原料处理，切碎的物料可以添加菌剂和其他添加剂均匀搅拌后，装袋微贮，也可直接烘干成构树粉用于养猪业的添加料。

（6）杂交构树低温带式干燥系统

杂交构树在长距离运输或作为单胃牲畜（鸡、鸭、猪等）蛋白饲料添加时，需要进行烘干加工，以降低运输成本或方便配比添加。杂交构树采收时采用叶茎全株收获，采收后含水率达到75%左右，烘干后要求含水率在30%~15%。其烘干强度大，原料产出比率低，需要能源多，若要在降低烘干成本的同时保证烘干质量，需要采用新型烘干工艺和设备优化配比。新型杂交构树低温带式干燥系统由中国科学院理化技术研究所研制，采用热风干燥工艺，以热空气作为干燥介质。首先，将物料表面的水分汽化并不断扩散到周围介质中；然后，将物料水分从内部逐渐向表面转移，使物料含水率下降，直到达到一定水分含量为止。该设备选用25匹热泵机组一台，每小时能处理0.25吨的杂交构树，平均干燥电费小于200元/吨。热风干燥具有设备简单、价格低廉且易于操作等优点，更适合大规模生产且易于普及。

四、饲料加工生产情况

杂交构树作为畜禽水产养殖功能性蛋白质类原料，根据品种和饲养阶段的不同有多种加工方式和料型，目前主要有鲜绿料、青贮发酵料、干料、全价饲料。在30个杂交构树产业样本企业中，有12家企业生产鲜绿料，共有3.825万吨，产值2393万元，均价625元/吨；万吨以上的有1家，多数是少量生产，因为鲜料不利保存和饲料添加。加工青贮发酵料的企业有13家，共4.3293万吨，产值4073万元，均价940元/吨；发酵料便于保存待用或二次加工，上规模的企业有2家，年产皆在万吨以上。加工干料的企业较少，有6家，产量也不多，共0.7097万吨，产值4850万元，均价6833元/吨。干料加工需要设备，耗能较高，养分也有损失，多数为客户需要，委托加工。生产全价饲料的企业有7家，除1家以外，皆是自配自用，共5.5977万吨，产值13162万元，均价2351元/吨，相对市售价格有明显优势。

第三节　养殖产业情况

一、家畜养殖

1. 生猪养殖

杂交构树饲料初始饲喂猪时应有5~10天过渡期, 过渡期内逐日增加饲喂量至目标饲喂量。不同生理阶段猪的参考饲喂量为: 生长育肥猪0.1~0.3千克/天DM, 日粮中比例为4%~10% DM; 妊娠母猪阶段0.1~0.2千克/天 DM, 日粮中比例为6%~8% DM; 泌乳母猪0.3~0.6千克/天 DM, 日粮中比例为6%~10% DM。其中生长育肥猪平均日采食量按2.40千克计, 妊娠母猪平均日采食量按2.20千克计, 泌乳母猪平均日采食量按5.50千克计。瘦肉型保育猪不超过3%, 生长猪和哺乳母猪不超过8%, 育肥猪不超过15%, 妊娠母猪不超过10%。

在育肥猪饲料中采用全株发酵杂交构树饲料替代豆粕可改善肉品质。有研究表明, 添加10%~15%的杂交构树饲料可显著增加育肥猪的平均日增重, 当添加量达到10%时, 背膘厚度显著下降, 对肉品质有改善作用的游离氨基酸和谷氨酸钠等物质显著上升, 肉色也有改善; 添加20%的杂交构树饲料可降低育肥猪料肉比, 增加眼肌面积, 降低背膘厚度, 改善猪肉品质。杜淑清等给2~4月龄、5~6月龄、6月龄以上土猪分别饲喂5%、15%、20%的杂交构树发酵饲料, 替代豆粕3%~6%, 替代玉米3%~7%, 研究表明不同月龄土猪添加构树发酵饲料可提高7.05%的平均日采食量以及6.67%的平均日增重。张宏利等在育肥猪饲料中分别用3%、5%、7%的全株发酵杂交构树替代豆粕, 研究表明, 使用3%全株发酵杂交构树代替豆粕对育肥猪的生长性能、肉品质和表观消化率的影响作用较好。

杂交构树作为生猪饲料原料已形成成熟应用体系。经验证, 杂交构树发酵饲料在育肥猪日粮中最高添加比例可达30%（鲜料）或15%（干粉）, 较传统青贮饲料（如苜蓿10%）提升2~3倍, 且不影响生长性能。杂交构树发酵后粗蛋白质消化率高于麦麸，但低于玉米、豆粕。育肥猪日粮中添加9%全株发酵杂交构树，粗蛋白质消化率降低了5%；育肥猪日粮中添加20%全株发酵杂交构树，显著降低了血清中钙、锌和锰的含量（Zhang等，2024）。因此，杂交构树可以替代部分常规饲料作为猪等单胃动物的基础日粮，但添加过多会限制单胃动物对饲料营养的吸收。因此，杂交构树发酵料可以作为一种新型蛋白饲料进行开发，但添加量需要控制。

杂交构树饲料每吨成本约1200~1500元，较豆粕和鱼粉降低50%~60%，结合边际土地种植补贴（500元/亩），综合养殖成本下降15%~20%。杂交构树饲喂的猪肉肌内脂肪含量提升15%（达3.8%~4.2%），胆固醇含量降低12%。近年来，杂交构树发酵料原料市场价稳定在0.8~1.2元/千克（鲜料）或2.5~3.0元/千克（干粉），同时带动下游"构树猪肉"品牌（如"构香黑猪"）的猪肉市场。

2. 奶牛养殖

奶牛舍饲时宜使用杂交构树青贮或杂交构树干草，调制成全混合日粮进行饲喂，奶牛数量较少或者饲料需要长距离运输时，宜使用杂交构树干草，直接或与其他饲料混合后进行饲喂。杂交构树干草与其他饲料混合饲喂奶牛时，切碎长度宜为3~5厘米。不同生理阶段奶牛的饲喂量参考比例为：断奶至育成阶段0.4~0.7千克/天 DM，日粮中比例为5%~10% DM；育成至青年牛阶段1.1~1.6千克/天 DM，日粮中比例为10%~15% DM；干奶牛1.3~2.9千克/天 DM，日粮中比例为10%~20% DM。使用杂交构树发酵的饲料可以降低10%的饲料成本。

宫斌等使用杂交构树青贮分别替代日粮中50%、100%的苜蓿干草饲喂12月龄奶公牛，研究发现，杂交构树青贮替代苜蓿干草不影响奶公牛生长性能、营养物质表观消化率和瘤胃发酵功能，奶公牛的饲料单价分别降低了0.13元/千克和0.24元/千克。屠焰等研究表明，杂交构树全株嫩苗粗蛋白质24小时和48小时瘤胃降解率为86.77%和94.29%，可为反刍动物提供数量较多、消化率较高的蛋白质。在饲粮中添加10%~15%的杂交构树青贮饲料可增强奶牛的免疫和抗氧化功能，提高牛奶中不饱和脂肪酸的浓度。饲粮添加杂交构树青贮可影响荷斯坦小母牛的血清抗氧化剂和免疫指标，以及粪便参数、粪便微生物组成和功能，可使奶牛乳房炎发病率下降0.41%。奶牛日粮中杂交构树青贮饲料替代全株玉米青贮饲料能够促进奶牛的蛋白质代谢。杂交构树替代苜蓿干草对低产奶牛干物质采食量和产奶量没有影响，但提高了其抗氧化能力。苏应玉等研究发现，在荷斯坦奶牛的基础日粮中分别添加4%、8%、12%的发酵杂交构树饲料后，泌乳奶牛采食量和产奶量都有一定程度的增加，且以添加8%的组别最为显著，同时可降低牛乳体细胞含量，并提高乳清抗氧化功能。当然，若杂交构树饲料添加不合理，会对奶牛的消化率和产奶量有潜在不利影响，因此饲粮中添加杂交构树干草应做好把控。有研究发现，饲粮中杂交构树青贮添加比例为7%对泌乳前期奶牛的采食量和产奶量并无显著影响，添加比例达到或超过14%对奶牛采食量和产奶量有不利影响。因此，科学合理地饲喂杂交构树饲料可提高奶牛产奶量，增加乳固体成分包括乳脂肪、乳蛋白，分别提高2%、0.24%、0.04%，降低乳中菌落总数和体细胞数，提高乳制品品质。

3. 肉牛养殖

不同生理阶段肉牛的饲喂量参考比例为：犊牛阶段（4～6月龄）为0.7～1.4千克/天 DM，日粮中比例为5%～10% DM；育成牛阶段（7～12月龄）的架子牛为3.5～5.8千克/天 DM，日粮中比例为15%～25% DM；育肥牛阶段（13～18月龄）为3.5～5.5千克/天 DM，日粮中比例为10%～15% DM。

杂交构树细枝条、茎秆、全株嫩苗经青贮后可在肉牛日粮中添加10%～15% DM以替代部分豆粕或苜蓿。中国农业科学院饲料研究所反刍动物营养与创新团队经动物试验验证，添加15%的杂交构树青贮，可显著提高黑安格斯牛的日增重（52.5%）、降低料重比（18.9%）；可降低牛肉中饱和脂肪酸（C12：0）的含量（26.8%），提高对人体有益的C18：2n6c（亚油酸）含量（29.9%）；可提高牛肉亮度（15.3%），降低丙二醛，增加血超氧化物歧化酶，提高抗氧化能力。此外，杂交构树可部分替代日粮豆粕、玉米、苜蓿或玉米黄贮，能在保证肉牛生产性能的同时，降低大豆等蛋白饲料原料的用量，比常规日粮配方中大豆用量降低2个百分点以上，每头牛育肥期可减少豆粕用量10千克以上。研究发现，饲粮中同时添加青贮燕麦和发酵杂交构树饲料能提高肉牛免疫性能，改善牛肉品质。可见，杂交构树青贮对牛肉品质无负面影响，并可通过提高肉中不饱和脂肪酸含量，改善肉品质，增强消费者对肉品的可接受性，直接和间接提高养殖企业收益。

4. 肉羊养殖

育成及育肥阶段肉羊的参考饲喂量为：育成羊0.1～0.3千克/天 DM，日粮中比例为10%～20% DM；育肥羊0.1～0.6千克/天 DM，日粮中比例为10%～20% DM。

将杂交构树发酵料添加到西非矮羊基础日粮中，可以提高日均采食量0.04千克，并且西非矮羊血液常规检测结果并未表现出异常变化。饲喂杂交构树青贮能提高肉羊免疫力，改善肌肉营养成分、氨基酸和脂肪酸的组成，添加量为12%效果最好。在黑山羊日粮中添加12.5%的杂交构树青贮替代部分苜蓿干草，与饲喂常规饲料对比，能够降低十二指肠、空肠隐窝深度，在一定程度上改善肠道形态，促进肠道健康，生长速度更快。饲喂杂交构树的黑山羊平均饲料费用明显低于常规饲料投喂，节约了黑山羊养殖成本。在萨寒杂交肉羊养殖中，用杂交构树叶青贮替代蛋白饲料，随着替换量的增加，相同日增重下肉羊的排泄物增多，饲料消耗率下降。在湖羊日粮中添加杂交构树干料和青贮杂交构树，可提高胴体品质。饲喂杂交构树青贮可提高奶山羊的采食量和产奶量，并使血清中泌乳相关激素含量升高，进而促进泌乳；可使羊奶中乳脂、乳糖及不饱和脂肪酸含量升高，饱和脂肪酸含量降低，进而提升乳品质。饲喂杂交构树青贮饲料能够改善奶山羊粪便微生物群落结构，抑制有害微生物，维持后肠道健康，为奶山羊的生长发育带来积极影响，在一定程度上提高公羊的精液品质。黄江丽等用杂交构树青贮饲料替代湖羊日粮中30%、60%、100%的花生藤，研究表明，杂交构树青贮可以作为湖羊潜在的优质饲料原料，综合各指标结果，杂交构树青贮替代60%花生藤效果较好。

杂交构树青贮饲料替代苜蓿饲喂肉羊，可降低饲料成本、提高羊肉品质，提高经济效益。王学兵等在饲粮中添加24%～32%发酵杂交构树替代部分苜蓿和豆粕，不影响湖羊生产性能，但可显著改善肌肉嫩度、系水力等肉质性状，降低肌肉中粗脂肪、胆固醇含量，提高肌肉中微量元素和不饱和脂肪酸含量；可显著增加湖羊肠道中的胰蛋白酶和脂肪酶活性，提高肠道菌群中厚壁菌门等益生菌的相对丰度，降低变形菌门等有害菌的相对丰度，促进动物机体对营养物质的吸收利用。

图1-5 杂交构树饲料养畜

左：构香猪；中：构饲羊；右：构饲牛.

二、家禽养殖

1.鸡

杂交构树在肉鸡养殖中应用较为成熟，杂交构树粉或发酵杂交构树料在肉鸡日粮中的添加量通常以4%左右为宜。配合林下养殖肉鸡，不仅可降低5%左右的饲料成本，其市场价格也更高。湖南株洲仟庄（构树）土鸡养殖基地销售的180天（构树）散养土鸡市场价格70元/千克。

杂交构树助力江西乌鸡"孵"出富民大产业。泰和乌鸡是泰和县特产，位列我国四大乌鸡之首，距今已有2200多年的历史，因其丰富的营养和药用价值而驰名中外，年饲养量达1000万羽，2023年产值突破56亿元，成为当地农民致富的"金凤凰"。杂交构树经过研磨后，添加到乌鸡饲料中，不仅可以降低饲料成本，杂交构树成分还可以让乌鸡生长更健康。从外貌来看，鸡更有活力，非常健康。通过杂交构树加工成饲料喂养乌鸡，鸡的生长速度十分可观。种植构树，可以在不破坏现有生态环境的基础上发展林下经济，杂交构树亩产量可达5~8吨，每亩产值可达2000~3200元，具有很高的经济效益，一只笼养的乌鸡利润只有8~10元，而林下养殖的乌鸡利润能达到30~50元。截至2024年6月底，泰和县乌鸡饲养量618.2万羽，出栏量502万羽，乌鸡蛋销售量达3680多万枚。

2. 鸭

鸭子是杂食水禽类，可以采食杂交构树饲料，在鸭子日粮中的添加量不宜太高，2%的添加量可以促进鸭群生长，提高产蛋率。近些年，广西等地许多青年返乡创业养鸭，使用杂交构树混合玉米粉进行养殖，既减少鸭群疾病，又提高生产效益。

广西融安县5年前便大力扶持杂交构树养鸭，当地推出"构香鸭"品牌，饲养成本降低了50%。杂交构树饲料喂养的土鸭很少生病，存活率高达98%。不在饲料中添加抗生素、激素等有害物质，是因为杂交构树能增进动物健康，还改善了肉鸭品质，每只鸭的饲养成本也较传统养殖降低了20元左右。鸭肉变得质优味美，吸引周边群众争相购买，种植杂交构树养殖土鸭也成为当地群众的富民产业。

广州市褚康农业发展有限公司2022年3月在增城区正果镇的客家村落东汾村，使用杂交构树生物饲料喂养鸡、鸭、鹅等畜禽。以东汾村为中心向中西村和水口村等周边村社辐射的"东汾村构香鸡示范养殖基地"，发动村民养殖构香鸡等畜禽，力求将"构香"打造成为东汾村的拳头品牌。养殖基地还开发了上汤构树叶、构香咸鸡、紫苏构香鸭等一系列特色美食，并结合当地的农业种植、民宿等优势资源，推动特色乡村旅游发展，为村民提供大量的就业岗位以及创业机会，助推了东汾村高质量发展。

三、水产养殖

1. 添加比例

不同的鱼类有着不同的食性,四大主要食性为滤食性、草食性、杂食性和肉食性。常见的草食性鱼类代表鱼种是草鱼、团头鲂等,杂食性鱼类代表鱼种为鲤鱼、鲫鱼、罗非鱼等,肉食性鱼类代表鱼种为鲇鱼、鲟鱼、金鲳鱼等。鱼类的不同饮食习性与生理特征相关联,且不同食性鱼类对饲粮蛋白的需求差异较大。

有研究表明,在草食养殖中,杂交构树全株发酵或树叶可以直接被草鱼食用,还能降低草鱼的疾病发生率,提高成活率。投喂杂交构树叶能有效改善草鱼的肠道菌群组成,比配合饲料更有利于草鱼的健康生长。

在罗非鱼饲粮中添加6%和10%的发酵杂交构树饲料,可以节约其他饲料原料,从而提高经济效益。其原因可能是发酵过程产生非蛋白氮,也有可能是杂交构树的蛋白质结构发生变化,提高了吸收效率所致。其次,在饲料中添加适量的发酵杂交构树能补充尼罗罗非鱼幼鱼生长所需的不饱和脂肪酸,且发酵可使得树叶中的大分子营养物质变得容易吸收,提高了蛋白质的利用效率,而杂交构树树叶所含的活性物质具有抗氧化活性,可能有助于降低鱼体内的自由基含量及改善饲料中脂质过氧化所带来的危害。

用70%的基础饲粮与30%的杂交构树叶片配制饲粮喂养金鲳鱼,采用Illumina高通量测序技术进行菌群多样性检测分析,结果表明杂交构树叶对金鲳鱼肠道菌群的多样性及丰富度影响显著。

2. 养殖成本

在草鱼养殖过程中,利用杂交构树叶主养草鱼不仅能降低草鱼的疾病发生率,提高成活率,其粪便还能培养生物絮团,有效带动其他鱼的生长,起到"一草养三鲢"的效应,明显提高产量和效益。杂交构树叶用于畜禽养殖需要适当加工处理才能被较好地利用,而主养草鱼时,杂交构树叶不仅可以直接被草鱼利用,而且通过草鱼初步消化后的粪便在水中微生物、原生动物的参与下,极易形成生物絮团，成为鲢、鳙、鲤、鲫等滤食性和杂食性鱼类的好饲料，这种高效的利用率是杂交构树叶养殖畜禽所无法达到的。

具体的养殖成本与杂交构树添加比例有关。就草鱼而言，为保证鱼类营养需要，促进生长，需配合投喂占新鲜构树叶重量5%以内的颗粒饲料，每天下午在草鱼吃完构树叶后投喂。

3. 品质与价格

目前杂交构树在草鱼、罗非鱼和金鲳鱼上的饲喂试验结果表明，适量的杂交构树或发酵杂交构树对其生长性能无显著影响。水产饲料价格与鱼类品种、蛋白含量、料径大小、制料方式、品牌等相关，目前在杂交构树与草鱼、罗非鱼、金鲳鱼的相关研究中，对应的饲料价格见表1-1。

表1-1　杂交构树鱼饲料价格表

饲喂鱼类	蛋白含量（%）	价格（元/千克）
草鱼	28~30	5.04~6.72
罗非鱼	30~33	5.04~7.89
金鲳鱼	41~45	11.55~12.85

四、畜禽养殖情况

杂交构树添加配制的饲料已经用于畜禽品种的养殖，由于破解了养殖畜禽的疫情疾病的难题，提升了肉蛋奶品质和风味，而越来越得到用户的青睐。2024年在养殖业仍然受到进口产品冲击的情况下，30家杂交构树产业样本企业中，养殖企业有14家，共养殖生产生猪9.387万头，产值39193万元，均价4175元/头，比普通饲料养殖的大白猪（125千克）售价2112元/头翻近1倍；超万头的养猪企业有2家，其中1家每头猪产值达1.5万元。

养殖肉牛的企业有8家，肉牛6417头，产值11424万元，均价17803元/头，高于普通饲料养殖的西门塔尔肉牛（700千克，均价16702元/头），由于大量廉价进口牛肉和牛肉市场的垄断性强等原因，未能很好体现杂交构树优质优价的特性。

养殖肉羊的企业仅有2家，共5955只，产值772万元，均价1296元/只，价格与普通养殖差不多。

肉鸡养殖企业5家，共35万羽，产值4537万元，均价129元/只，比普通饲料养殖白羽鸡（2.5千克）19元/只、黄羽鸡（2千克）26元/只高5倍以上。蛋鸡养殖企业有4家，共5.88万羽，产值2156万元，均价366元/只，是普通饲料养殖蛋鸡产值180元/只的2倍。

由此可见，杂交构树饲料养殖不但节约饲料成本、减少防疫费用，其无抗优质的特性也得到了市场的认可，特别是肉鸡、蛋鸡和生猪养殖，售价有成倍提高。

第二章

杂交构树产业发展
外部环境

杂交构树产业自从国家实施精准扶贫工程以来取得长足发展,得到党和国家领导人的重视、相关政策的支持、科技与专业人才的保障、用户市场的认可等,已初步营造出规模化发展杂交构树产业的外部环境。

第一节　政策环境

2014年12月,国务院扶贫开发领导小组将杂交构树产业列入精准扶贫十大工程之一。此后,国家相关部委先后出台了十几个支持杂交构树产业发展的政策性文件(见表2-1)。

表2-1　杂交构树产业发展相关支持政策

时间	部门	文件名称、文号
2015年2月25日	原国务院扶贫办	《关于开展构树扶贫工程试点工作的通知》,国开办司发〔2015〕20号
2018年4月27日	农业农村部	《饲料原料目录》,第22号公告
2018年6月26日	农业农村部畜牧业司	《2018年全株青贮玉米推广示范应用项目实施方案》,农牧行便函〔2018〕第93号
2018年7月11日	原国务院扶贫办	《关于扩大构树扶贫试点工作的指导意见》,国开办发〔2018〕35号
2019年2月14日	国家林业和草原局	《关于促进林草产业高质量发展的指导意见》,林改发〔2019〕14号
2019年11月8日	原国务院扶贫办、自然资源部、农业农村部	《关于构树扶贫试点工作指导意见的补充通知》,国开办发〔2019〕18号
2020年9月14日	国务院办公厅	《关于促进畜牧业高质量发展的意见》,国办发〔2020〕31号
2021年12月14日	农业农村部	《"十四五"全国畜牧兽医行业发展规划》,农牧发〔2021〕37号
2022年4月5日	河南省人民政府	《河南省肉牛奶牛产业发展行动计划》,豫政办〔2022〕31号
2023年2月13日	中共中央、国务院	《关于做好2023年全面推进乡村振兴重点工作的意见》,中央一号文件
2023年4月12日	农业农村部	《饲用豆粕减量替代三年行动方案》,农办牧〔2023〕9号

续表

时间	部门	文件名称、文号
2023年11月14日	自然资源部	《乡村振兴用地政策指南（2023年）》，自然资办发〔2023〕48号
2023年12月21日	河南省财政厅、河南省农业农村厅	《关于提前下达2024年中央财政农业相关转移支付资金的通知》，豫财农水〔2023〕100号
2023年12月27日	国家发展和改革委员会	《产业结构调整指导目录（2024年本）》，第7号令
2024年2月4日	中共中央、国务院	《关于学习运用"千村示范、万村整治"工程经验有力有效推进乡村全面振兴的意见》，2024年中央一号文件
2024年9月15日	国务院办公厅	《关于践行大食物观构建多元化食物供给体系的意见》，国办发〔2024〕46号
2024年12月31日	农业农村部	《关于实施养殖业节粮行动的意见》
2025年4月29日	农业农村部办公厅	《养殖业节粮行动实施方案》，农办牧〔2025〕15号

注：截至2025年4月底文件，地方政府收录2021年以来的省级文件。

一、畜牧业发展相关政策

2018年4月27日，农业农村部将构树茎叶列入《饲料原料目录》，杂交构树进入国家饲料体系，取得了饲料生产、销售的合法身份。

2018年6月26日，农业农村部畜牧业司印发《2018年全株青贮玉米推广示范应用项目实施方案》（农牧行便函〔2018〕第93号），将杂交构树列入新型饲草营养价值评定和青贮饲料饲喂试验研究范围。

2020年9月14日，国务院办公厅印发《关于促进畜牧业高质量发展的意见》，明确把开发利用杂交构树新饲草资源列入健全饲草料供应体系中，提升为蛋白饲料安全的国家战略，促进我国畜牧业高质量发展。

2021年12月14日，农业农村部印发《"十四五"全国畜牧兽医行业发展规划》，将杂交构树纳入饲草四个千亿级产业，因地制宜开发利用杂交构树、饲料桑等区域特色饲草资源，加快建设现代畜牧业产业体系。

2022年4月5日，河南省人民政府办公厅印发《河南省肉牛奶牛产业发展行动计划》的通知，提出在重点任务中实施秸秆饲草化行动，利用财政衔接推动乡村振兴补助资金，对新增杂交构树种植基地，每亩一次性补助800元。

2023年4月12日，农业农村部制定印发了《饲用豆粕减量替代三年行动方案》，在重点任务"实施增草节粮行动"中，明确"充分挖掘耕地、农闲田、盐碱地等土地资源潜力，加快建立规模化种植、标准化生产、产业化经营的现代饲草产业体系。继续实施粮改饲政策，加快提升全株青贮玉米、苜蓿、饲用燕麦等优质饲草供给能力，因地制宜开发利用区域特色饲草资源"。杂交构树是特色饲草资源，非粮蛋白质饲料，符合产业发展支持政策。

2023年12月21日，河南省财政厅、河南省农业农村厅出台《关于提前下达2024年中央财政农业相关转移支付资金的通知》（豫财农水〔2023〕100号），河南省农业农村厅发布《关于做好2024年中央财政畜牧业发展相关项目实施工作的通知》和"2024年粮改饲项目申报指南"，在河南省选取一部分县（市、区）实施粮改饲工作，大力推进青贮玉米、苜蓿、燕麦、甜高粱、杂交构树等饲草料作物种植，开展饲草料作物全株青贮。支持对象为具有一定饲草料作物收贮能力的规模化草食家畜养殖场（企业、合作社、家庭农场）或专业青贮收贮企业（合作社、家庭农场）等新型经营主体。采取"先收贮后补贴"的补贴方式，拟对实施主体收贮的优质饲草料给予适当补助。各项目县行政区域内实行统一的补贴标准。

2023年12月27日，国家发展和改革委员会修订发布了新版《产业结构调整指导目录（2024年本）》（第7号令），自2024年2月1日起正式施行。产业结构调整指导目录是引导社会投资方向、政府管理投资项目，制定实施财税、信贷、土地、进出口等政策的重要依据。共有条目1005条，其中鼓励类352条、限制类231条、淘汰类422条。在鼓励类产品中，第四十八项农业机械装备第2条是低损高效收获机械，列入了"杂交构树、蛋白桑、柠条等优质蛋白型饲料收获机械"（第79页）。

2024年9月15日，国务院办公厅出台《关于践行大食物观构建多元化食物供给体系的意见》，提出"树立大农业观、大食物观，推进农业供给侧结构性改革，在保护好生态环境的前提下，从耕地资源向整个国土资源拓展、从传统农作物和畜禽资源向更丰富的生物资源拓展，有效促进食物新品种、新领域、新技术开发，加快构建粮经饲统筹、农林牧渔结合、植物动物微生物并举的多元化食物供给体系，实现各类食物供求平衡，为确保国家粮食安全、建设农业强国提供坚实保障"的总体要求；提出"在确保粮食供给的同时，向森林、草原、江河湖海要食物，向设施农业要食物，向植物动物微生物要热量、要蛋白，拓展食物直接和间接来源，挖掘新型食品资源，保障各类食物有效供给"。

为切实落实中共中央、国务院关于践行大食物观、构建多元化食物供给体系和粮食节约行动的有关要求，促进养殖业高质量发展，农业农村部于2024年12月31日、2025年4月29日先后出台《关于实施养殖业节粮行动的意见》《养殖业节粮行动实施方案》，统筹推进三大节粮措施：一是养殖方式方面——提效节粮，二是饲料资源方面——开源节粮，三是种养结构方面——优化结构节粮。杂交构树"以树代粮、种养循环"的生态农牧业模式，可实现"产出高效、产品安全、资源节约、环境友好、绿色低碳"目标，是无抗养殖、玉米豆粕减量替代、养殖业节粮行动和粪污资源化利用的一条有效途径。

二、种植用地相关政策

2019年11月8日，国务院扶贫办、自然资源部、农业农村部联合印发《关于构树扶贫试点工作指导意见的补充通知》，对构树扶贫工程种植品种和范围、技术研发、跟踪监管等作出进一步规定，明确了杂交构树用地政策，并强调所用的品种是杂交构树组培苗，禁止使用扦插苗和野生构树苗。

2023年11月14日，为切实提升自然资源领域服务保障乡村振兴用地的能力，自然资源部根据现行的法律、法规、规章和文件，梳理乡村振兴用地涉及的政策要点，编制形成《乡村振兴用地政策指南（2023年）》。在第20页第二十三条里明确："一般耕地应主要用于粮食和棉、油、糖、蔬菜等农产品及饲草饲料生产。"由此，杂交构树在一般耕地种植生产饲草饲料符合国家用地政策。

目前，河南省是贯彻落实杂交构树用地政策最好的省份之一，不但允许杂交构树在一般耕地上发展饲草料，而且新种植一亩一次性补助800元，同时，享受"粮改饲"政策，每吨青贮杂交构树补助60元，是一项鼓励发展杂交构树畜牧业的利好政策。

三、乡村振兴相关政策

2023年2月13日，《中共中央 国务院关于做好2023年全面推进乡村振兴重点工作的意见》发布，这是21世纪以来第20个指导"三农"工作的中央一号文件。在"构建多元化食物供给体系"里指出：树立大食物观，加快构建粮经饲统筹、农林牧渔结合、植物动物微生物并举的多元化食物供给体系；建设优质节水高产稳产饲草料生产基地，加快草产业发展，大力发展青贮饲料，加快推进秸秆养畜。杂交构树是新型蛋白质饲草料品种，完全符合文件要求。

2024年2月4日，中央一号文件有关"树立大农业观、大食物观，多渠道拓展食物来源""确保国家粮食安全""实施农民增收促进行动，持续壮大乡村富民产业，支持农户发展特色种养、手工作坊、林下经济等家庭经营项目"的论述，为发展杂交构树产业提供了政策导向。以实施"十四五"全国饲草产业发展规划为抓手，加大政策支持力度，加快提升优质饲料的供给能力，推动杂交构树产业发展。2024年3月5日，新华社发布《关于2023年中央和地方预算执行情况与2024年中央和地方预算草案的报告》，中央财政衔接推进乡村振兴补助资金规模增加到1770亿元，用于产业发展的比例总体保持稳定，要求60%以上的资金支持乡村振兴产业，巩固拓展脱贫攻坚成果。杂交构树是乡村产业振兴的重要抓手，符合政策支持范畴。

2024年3月15日，中国乡村发展志愿服务促进会发布《关于开展消费帮扶产品认定的公告》，在中西部地区开展消费帮扶产品认定工作。认定范围：在中西部22个省、自治区、直辖市开展，向国家乡村振兴重点帮扶县、脱贫县和革命老区、民族地区、边疆地区县倾斜。认定标准：中西部地区生产加工的，具有联农带农富农帮扶属性，质量符合国家标准，价格具有市场优势，每款产品商品价值在50万元以上，能够持续或阶段性供货，可溯源并具备售后服务能力的特色优势农产品。经认定的消费帮扶产品，优先优惠参加促进会、帮扶网组织的消费帮扶、宣传推介、品牌培育等活动。可以在帮扶网免费开店（馆）销售；符合专柜销售条件的，可以推荐进入帮扶网组织的消费专柜销售；符合直播条件的，可以参加促进会、帮扶网组织的直播销售；确有必要的，可以与帮扶网签署服务协议合作销售。

杂交构树是本土特色新饲草资源，杂交构树产业是我国饲草产业的重要组成部分，对于推动畜牧业高质量发展、促进农牧民增收具有重要意义，是推进巩固拓展脱贫攻坚成果同乡村振兴有效衔接的特色优势产业，各地应因地制宜用足用好国家现有支持政策，稳步推进杂交构树产业发展。

第二节　技术环境

一、丰产技术

杂交构树作为新型木本饲料原料，具有十分广阔的应用前景，积极开展杂交构树的栽培工作，通过集成丰产栽培技术体系，可有效提升其整体产量。在实际开展杂交构树栽培工作的过程中，需要充分发挥光合作用产物的优势，合理控制杂交构树的栽培密度，利用当前种植空间，实现种植效益的最大化。

田间管理直接影响生长效率，因此在种植前需深翻土地30厘米以上，清除杂草和石块，并施足有机肥改良土壤。种植密度需根据地形和用途调整，平原地区通常采用宽窄行配置（宽行1.2米、窄行0.8米），既能保证光照，又便于机械化作业。生长过程中需定期除草培土，防止养分流失。杂交构树的病虫害较少，虫害主要有盗毒蛾、野蚕蛾、桑天牛，可用黑光灯或人工捕杀的方式除虫，也可按配比使用如烟参碱、康福多、乙酰甲胺磷等杀虫剂；病害主要有叶褐斑病，为真菌感染，可以将甲基托布津可湿性粉剂按配比施用来控制病情。

杂交构树耐旱但怕涝，灌溉需根据天气灵活调整。干旱地区可采用滴灌技术，既节水又精准；多雨季节则需及时排水防涝。施肥讲究"基肥为主、追肥为辅"，基肥以腐熟农家肥为主，追肥则根据生长阶段补充氮、磷、钾元素。例如，萌芽期增施氮肥促进枝叶生长，旺盛期补充钾肥增强抗病能力。

从种植到采收，现代农机设备可大幅提高效率。中小型自走式采收机每小时采收10亩，损失率低于5%；青贮设备能将新鲜枝叶快速压缩成块，延长保存时间至两年。机械化技术降低了人力成本，可大幅提升年实际产量。

二、饲料开发

杂交构树营养丰富，蛋白质含量高，还有钙、磷、无氮浸出物及多种微量元素，饲用价值高，适口性好，具有极大开发潜力。杂交构树饲料开发主要围绕其高蛋白、多营养的特点展开，通过不同加工技术提升适口性和营养价值，满足多样化养殖需求。

早期杂交构树叶直接饲喂存在适口性差、消化率低的问题，如今通过全株青贮发酵技术，利用乳酸菌分解纤维素，产生有机酸，不仅延长了饲料保存时间，还使粗纤维降解率提升至40%以上，显著提高动物采食量。以青贮杂交构树为例，其pH可降至4.2以下，有效抑制有害菌繁殖，同时保留90%以上的营养成分。此外，粉末技术是深加工领域的重要突破。干燥工艺的改进也降低了能耗，便于长期储存和运输，通过低温干燥或冷冻干燥工艺，杂交构树叶中的活性成分（如多糖、黄酮类物质）得以保留。实际应用中，杂交构树饲料已形成多样化的配比方案。例如，全混合日粮（TMR）技术将杂交构树与苜蓿、豆粕、麦麸等按特定比例混合，既能平衡能量与蛋白比例，又能降低饲料成本。

从技术演进路径看，杂交构树饲料开发正从单一原料利用向全产业链协同迈进。早期研究聚焦于粗饲料加工，如今已延伸至功能性饲料添加剂开发。例如，杂交构树叶提取物中的黄酮类化合物具有抗菌作用，可替代部分抗生素用于生猪养殖；而杂交构树多糖则被证实能增强动物免疫力，减少养殖过程中的药物使用。这些技术创新不仅提升了杂交构树饲料的附加值，也契合了全球减抗养殖的发展趋势。

杂交构树饲料在生猪养殖领域的开发已实现从技术突破到全产业链落地的跨越式发展。最近，通过将杂交构树粉碎、添加植物乳杆菌并采用裹包快速发酵,有效解决了新鲜杂交构树易腐烂的问题,避免资源浪费;根据不同动物的营养需求,添加相应的饲料添加物、复合益生菌制剂和复合酶制剂发酵,以提供有针对性的高品质杂交构树饲料,提高动物饲喂效果。也有将杂交构树切成3~5厘米的小段,将切段的杂交构树放至粉碎机中进行粉碎,通过30~50目筛,再和玉米粉混合,得到杂交构树玉米混合物;将所混菌培养发酵物及杂交构树、玉米放入混料机中进行混合,制成发酵混合培养基;将乳酸菌和微量元素接种到发酵混合培养基中,堆积发酵,制成发酵堆积料,提高动物饲喂效果,推广其在生猪养殖端的应用。

三、生物发酵饲料

杂交构树生物发酵饲料是通过添加一定量的酶制剂、微生物菌剂(如乳酸菌、枯草芽孢杆菌等)或菌酶协同进行发酵的饲料。微生物以杂交构树中的纤维素、半纤维素及木质素等有机碳水化合物为能量来源进行发酵,从而分解构树中的成分,使杂交构树原料软化,将有机碳水化合物转化为糖类,降低纤维性物质比例,同时发酵产生乳酸和其他一些挥发性脂肪酸,并降解一部分的单宁等抗营养因子,提高畜禽对杂交构树的吸收利用率。杂交构树在微生物发酵利用过程中产生菌体蛋白,与本身的蛋白一起作为动物蛋白利用来源的基础,满足动物对蛋白营养的需求。杂交构树发酵后被软化、产生芳香性的气味,可以提高饲料的适口性、增加采食量,大大提高动物对纤维素的利用率,促进动物胃肠道内源酶的分泌,促进饲料养分消化吸收,从而促进动物代谢和生长。

1. 生物发酵饲料的制作方法

杂交构树青贮的设施采用青贮窖或微贮。养殖场一般用青贮窖进行青贮,其优点是节省成本,一次性贮存量大,适合牛、羊等食草动物用。青贮窖分地上、地下和半地下3种。微贮主要有裹包青贮和塑料袋装青贮。裹包青贮主要是用大型机械将杂交构树枝切短或揉成丝状后,直接打包裹上拉伸膜后贮存;或用机械切短或揉成丝状后拉到场用裹包机进行青贮,这种方式可使杂交构树失去部分水分,更易贮存。裹包青贮的优点是成功率高,饲料不浪费,易做成商品料进行运输，缺点是成本较高。塑料袋装青贮适用于养殖量小的场户，比裹包青贮节省成本，缺点是一次性贮存量少，需要人工较多。

2. 生物饲料发酵时水分的控制

杂交构树收获后水分含量约为70%~80%，蛋白质含量较高，糖分含量较少，不宜直接进行青贮。由于自然发酵的水分含量标准在65%~70%，因此杂交构树收获后视其水分状况，需进行适当晾晒才能进行青贮发酵。用于制作牛、羊等的饲料时，杂交构树收获后可以直接添加一部分干燥的禾本科植物如麦秸、玉米秸秆等来吸收其部分水分，且这些禾本科植物含有较高的糖分，有利于发酵；用于制作猪、鸡饲料时，最好是将杂交构树切短后，运输到养殖场进行磨碎，加入谷物、糖类等促进其发酵。

3. 发酵剂的选择

杂交构树青贮时应根据所贮原料及微贮菌种的性质来选择合适的发酵剂，菌剂选用含有乳酸杆菌和枯草芽孢杆菌的较为实用，其二者具有协同作用。大部分微生物完成对饲草料发酵的时间在20天左右，也有在1周左右完成发酵的。选择时应根据需要量和需要程度考虑合适的微生物制剂。添加微生物可缩短贮存的时间，抑制其他杂菌的生长，做出的青贮饲料品质更优。

4. 青贮的装填、压实和密封

经揉切后的杂交构树原料应尽快入窖，每层厚度为20~30厘米，均匀撒布菌剂，并逐层压实，压实后的原料高于窖口40厘米以上进行封口。装窖尽可能在短时间内完成，小型窖要当天完成，大型窖最好不超过3天完成。当天未装满的窖，必须盖上塑料薄膜压严，第2天揭开薄膜继续装窖。青贮窖装满后用青贮专用塑料薄膜立即密封、压实。塑料薄膜重叠处至少应交错1米，并用青贮专用胶带密封。封窖后，应定期检查窖顶和窖口，注意防范鼠类、鸟类破坏，如发现下沉或有裂缝，应及时修补。

5. 青贮发酵后的品质鉴定

杂交构树经过发酵工艺后，不仅鲜嫩多汁容易保存，而且具有较高的营养价值，更容易被动物消化吸收。品质好的青贮料拿到手中比较松散、柔软、湿润、无黏滑感；品质低劣的青贮料会出现结块、发黏的现象；有的虽然松散，但质地粗硬、干燥，属于品质不良的饲料。在封窖35~45天后对发酵饲料进行品质鉴定。

杂交构树叶中天然抗菌成分（绿原酸、黄酮）可替代抗生素，使仔猪腹泻率降低60%，结合高纤维含量（NDF 35%~40%）促进肠道蠕动，胃溃疡发生率下降45%，杂交构树饲喂猪群的皮质醇水平显著降低。通过添加发酵杂交构树嫩枝条，可改善杂交构树饲料的适口性，延长猪只采食时间，减少争斗行为，猪群活跃度提升。同时，通过"种养循环"系统，减少氨气排放。

四、机械设备

杂交构树采加机械设备产业的技术环境是一个不断发展和变化的领域，它受到多种因素的影响，包括技术创新、市场需求、政策支持、农业结构调整等。以下是对杂交构树采加机械设备产业技术环境的详细分析。

1. 机械化技术与农艺融合技术

杂交构树属于一年种植，多年多次连续收获的农业种植模式，土地的整理只有种植前进行，种植收获后不再进行土壤的耕耘，后期的耕、种、管、收等机械多次进地会对土地碾压，造成土壤压实，降低土壤的孔隙度，影响土壤的通气性和渗透性，这可能导致作物根系发育受阻，减少根系对水分和养分的吸收，从而影响杂交构树的生长环境和产量。由于杂交构树种植收获的特殊性，需要种植农艺与耕、种、管、收等机械作业方式的深度融合，通过整合农业机械化技术和杂交构树种植农艺技术，综合考虑作物生长需求、土壤条件和机械作业特点，创新适合的农机、农艺融合技术，实现杂交构树种植产业的高效、优质、可持续发展。农机农艺融合是一个系统工程，需要长期的努力和不断的创新，通过加强农机农艺融合，助力实现杂交构树产业做大做强。

减少机器碾压影响的农机农艺融合技术主要体现在如下几个方面：

（1）适合机械化作业的种植方式，根据农业机械的轮距采用垄作方式，让农业机械的轮胎行走于垄沟内，避免碾压构树的根系，合理安排机械作业的时间和方式，避免在作物生长关键期进行重型机械作业。

（2）土壤改良：通过施用有机肥料、石灰等改良剂，改善土壤的结构和肥力，降低机械碾压的负面影响。

（3）选择适宜的机械：根据田地条件和作物特性选择适宜的农业机械，耕、种、管、收等农机采用统一轮距的机械，避免使用过重或不适宜的机械。

（4）研发或改进专用的杂交构树农用机械，采取轻简化设计、智能化设计，减轻机器的重量。

2. 技术创新与迭代升级

杂交构树采加机械设备的技术进步是一个递进式的过程，田间收获机械从最初的人工背负式割灌机到青饲料收获机改装的杂交构树收获机，再到目前的专用的自走式杂交构树收获机，每一次技术的迭代都是为了满足更高的作业效率和更好的收获效果。由于杂交构树的收获特殊性，采收机械装备与其他收获机械具有显著的不同，采收机械既要体现出高效的作业性能，还要体现出对根系的低扰动保护性能，技术创新不仅包括机械结构的改进，还包括智能化、自动化、整机轻简化技术的应用。

杂交构树采加机械设备的技术进步主要体现在以下几个方面：

（1）根系低扰动、低损伤平茬技术：采用更合理的机械结构避免平茬过程中对下部根系的拉扯损伤。采用更先进的喂入量智能控制技术，实现整机轻简化布置，减轻机器的重量，减少对根系的碾压损伤，保证作物再生产的产量。

（2）自动化与智能化：随着信息技术和自动化技术的发展，杂交构树采加机械设备开始集成更多的智能控制系统，如喂入负荷控制与行走速度自动匹配、茎秆切断揉搓、监控报警等先进功能，提高了作业效率和安全性。

（3）效率提升：新型杂交构树收获机的设计更加注重提高作业效率，如通过优化喂入负荷、喂入量和切碎抛送装置的设计，实现更高的收获效率。

（4）节能环保：在环保要求日益严格的背景下，杂交构树采加机械设备的研发也在考虑如何减少能耗和排放，采用更加环保的材料和工艺。

（5）地域适用性：杂交构树的种植多在非标准农田进行，南方地区坡地、台地居多，且收获期间雨水多，田地泥泞，轮式机器不适合作业。而北方地区多在半沙化的边际土地种植,两驱底盘适应性差。采用适合南方地区的履带液压驱动底盘技术和适合北方地区的轮式四驱液压驱动底盘技术的收获机械,可以提高地域的适用性。

3. 市场需求与适应性

杂交构树采加机械设备的技术发展必须适应市场需求。随着畜牧业的发展和农业结构的调整,对杂交构树采加机械设备的需求不断增长,特别是在大型农场和合作社中,对高效、自动化程度高的杂交构树采加机械设备的需求更为迫切。

4. 政策支持与引导

政府对农业机械化的扶持政策,如购机补贴、技术研发支持等,对杂交构树采加机械设备技术的发展起到了推动作用。在这样的技术环境下,杂交构树采加机械设备企业需要不断提高产品质量和技术水平,满足市场需求。

5. 环保与可持续发展

环保和可持续发展的要求也对杂交构树采加机械设备产业产生了影响。机械制造商需要研发更加环保的采加机械设备,如减少粉尘排放、降低噪声、提高能源利用效率等,以满足社会对环保的期待。

6. 竞争与合作

杂交构树采加机械设备产业内部的竞争和合作也在不断推动技术的发展。企业之间的竞争促使各方加大研发投入,推动技术进步;而合作则有助于资源共享、风险分担,共同推动产业的发展。

综上所述,杂交构树采加机械设备产业的技术环境是一个多元化、动态变化的环境,需要制造商不断适应和引领市场变化,通过技术创新和产品升级来满足不断变化的市场需求。

五、技术标准

1. 团体标准

在原中国扶贫发展中心、浙江省、河南省等部门推动下,组织科研院所、大专院校和企业等单位起草编写杂交构树产业相关技术规范。自2019年在全国团体标准信息平台发布第一批以来，共有22项，其中，由北京华夏草业产业技术创新战略联盟发布16项，浙江省农产品质量安全学会发布3项，北京生物饲料产业技术创新战略联盟、河南省肉类协会、中国农业机械学会各发布1项（见表2-2）。

2024年新增1项，由中国农业机械学会发布，团体标准名称为"杂交构树热泵干燥技术规范"。主要技术内容：本团标规定了杂交构树热泵干燥的术语和定义、基本要求、干燥工艺技术要求、干燥成品要求和试验方法。起草单位：中国科学院理化技术研究所、中国农业机械化科学研究院集团有限公司、中国科学院植物研究所、内蒙古农业大学、青海省重工业职业技术学校、玉溪市兴红太阳能设备有限公司、丰唐生态农业科技研发（山东）有限公司、江西顺福堂中药饮片有限公司、常州博睿杰能环境技术有限公司。起草人：李晓琼、张振涛、徐鹏、苑铁键、杨朝阳、董世平、景全荣、沈世华、陈乃芝、孙建英、洪宝棣、卢有瑜、杨俊玲、李东风、邢锦璟、王霞、朱纪洲、龙小平、赖辉盛、黄卫平、聂言顺、孙超、黄开晨、张俊浩。

表2-2　杂交构树国家团体标准一览表

序号	团体名称	标准编号	标准名称	公布日期
1	北京华夏草业产业技术创新战略联盟	T/HXCY 001—2019	构树青贮技术规程	2019-01-30
2		T/HXCY 002—2019	构树干草调制技术规程	
3		T/HXCY 003—2019	构树青贮质量分级	
4		T/HXCY 004—2019	构树干草质量分级	
5		T/HXCY 005—2019	构树饲用技术规程　肉牛	
6		T/HXCY 006—2019	构树饲用技术规程　奶牛	
7		T/HXCY 007—2019	构树饲用技术规程　肉羊	
8		T/HXCY 008—2019	构树饲用技术规程　猪	

续表

序号	团体名称	标准编号	标准名称	公布日期
9	浙江省农产品质量安全学会	T/ZNZ 101—2020	生态优品 饲料原料 构树半干青贮饲料	2020-04-01
10		T/ZNZ 102—2020	生态优品 构树袋装青贮技术规范	
11		T/ZNZ 103—2020	生态优品 构树种植技术规范	
12	北京华夏草业产业技术创新战略联盟	T/HXCY 004—2020	构树饲用技术规程 草鱼	2020-05-06
13		T/HXCY 005—2020	构树饲用技术规程 鹅	
14		T/HXCY 006—2020	构树饲用技术规程 鸡	
15		T/HXCY 007—2020	构树饲用技术规程 驴	
16		T/HXCY 008—2020	构树饲用技术规程 肉鸭	
17		T/HXCY 009—2020	构树饲用技术规程 兔	
18		T/HXCY 020—2020	杂交构树组培快繁技术规程	2020-08-07
19		T/HXCY 022—2021	近红外法测定构树青贮饲料粗蛋白含量操作规程	2021-10-27
20	北京生物饲料产业技术创新战略联盟	T/CSWSL 024—2020	饲料原料 发酵构树	2022-04-15
21	河南省肉类协会	T/HNSMA 002—2022	发酵构树饲喂与畜产品质评价技术规范	2022-08-15
22	中国农业机械学会	T/NJ 1395—2024	杂交构树热泵干燥技术规范	2024-04-01

全国团体标准信息平台(http://www.ttbz.org.cn/)

2. 地方标准

各地政府根据杂交构树发展的需要,制定了地方标准,由地方市场监督管理局发布,共10项。其中,省级标准有8项,分别是河南3项,甘肃2项,江苏1项,广西1项,江西1项;市级标准有2项,河南濮阳和云南大理各1项(见表2-3)。

2024年新增发布4项。其中,河南省市场监督管理局发布3项,分别是《饲用构树 第1部分:育苗技术规程》《饲用构树 第2部分:栽培技术规程》《饲用

构树 第3部分：收储技术规程》；江西省市场监督管理局发布1项：《杂交构树袋装微贮技术规程》。

重庆市市场监督管理局对2024年第四批拟立项地方标准制修订计划项目进行公示，推荐制定《杂交狼尾草和杂交构树混合青贮技术规程》，主管部门是重庆市农业农村委员会，由西南大学主要负责起草。

表2-3　杂交构树地方标准一览表

序号	省区市	标准编号	标准名称	批准日期
1	甘肃省	DB62/T 4158—2020	杂交构树青贮饲料技术规程	2020-07-24
2		DB62/T 4157—2020	杂交构树袋装发酵饲料生产技术规范	
3	江苏省	DB32/T 3855—2020	构树组织培养技术规程	2020-10-13
4	广西壮族自治区	DB45/T 2351—2021	杂交构树生产与饲喂利用技术规程	2021-07-27
5	濮阳市	DB4109/T 021—2021	杂交构树发酵饲料技术规程	2021-08-06
6	大理白族自治州	DB5329/T 83—2022	杂交构树袋装青贮饲料加工技术规范	2022-04-24
7	河南省	DB41/T 2683.1—2024	饲用构树 第1部分：育苗技术规程	2024-07-26
8		DB41/T 2683.2—2024	饲用构树 第2部分：栽培技术规程	
9		DB41/T 2683.3—2024	饲用构树 第3部分：收储技术规程	
10	江西省	DB36/T 2012—2024	杂交构树袋装微贮技术规程	2024-08-26

地方标准信息服务平台（https://dbba.sacinfo.org.cn/）

3. 企业标准

自2018年以来，共24家企业发布了33项企业标准，包括杂交构树组培育苗、组培种植、收割机、青贮发酵、饲料加工、养殖（猪、牛、羊、鸡、鹅、鱼、小龙虾）、茶叶、烘干设备等，其中2024年有2家企业发布了2项企业标准，分别是山东丰唐生态农业科技有限公司发布的《耐盐碱构树品种种植技术规程》，天水德农供销种业开发有限公司发布的《西北地区杂交构树丰产栽培技术规程》（见表2-4）。

表2-4 杂交构树企业标准一览表

序号	企业名称	标准编号	标准名称	发布日期
1	成都安之源生态科技有限公司	Q/MA6CPYKEXD.1—2018	饲料原料 构树青贮饲料	2018-08-23
2	魏县林盛农业科技发展有限公司	Q/WXLS01—2018	杂交构树饲料	2018-11-23
3	山东好百年绿色生态产业园有限公司	Q/371500HBN002—2019	含阿胶构树养生茶	2019-03-13
4	贵州中魁农业（集团）中林农业发展有限公司	Q/520382ZLNY001—2020	杂交构树饲料	2020-02-22
5	湘潭华阳构树产业发展有限公司	Q/430321XTZ001—2020	饲料原料 构树青贮发酵饲料	2020-10-26
6	陕西鑫诚大唐畜牧有限公司	Q/002—2021	混合型饲料添加剂 嗜酸乳杆菌（杂交构树青贮用）	2021-01-25
7	河南省鼎鸿盛构树生物科技有限公司	Q/PBYD002—2021	畜禽、反刍复合预混合饲料	2021-03-15
8		Q/PDS001—2020	饲料原料 构树青贮发酵饲料	2022-05-16
9	聊城市开发区蒌彩农林牧专业合作社	Q/LKQC 0001S—2021	构树茶	2021-04-30
10		Q/AHBC0206—2020	猪用构树生物发酵饲料	2021-08-26
11		Q/AHBC0411—2020	发酵构树中乳酸菌总数检测方法	
12	安徽宝楮生态农业科技有限公司	Q/AHBC0309—2020	肉用麻黄鸡构树生物发酵饲料	2021-08-31
13		Q/AHBC0205—2021	鲫鱼构树生物发酵饲料	2022-06-13
14		Q/AHBC0308—2021	皖西白鹅构树生物发酵饲料	
15		Q/AHBC0801—2021	构树小龙虾生产技术规范	

序号	企业名称	标准编号	标准名称	发布日期
16	贵州务川科华生物科技有限公司	Q/520326 KHSW-001—2021	杂交构树组培快繁技术规程	2021-11-08
17	山东润韵科技发展有限公司	Q/RY 0001S—2021	富硒构树茶	2021-11-29
18		Q/SDRYKJ 001—2022	构树泡脚包	2022-08-22
19		Q/520113000000YGCYKJ·07—2021	杂交构树栽培技术规程	
20	贵州阳光草业科技有限责任公司	Q/520113000000YGCYKJ·08—2021	全株杂交构树厌氧发酵饲料制作技术规程	2022-01-10
21		Q/520113000000YGCYKJ·09—2021	杂交构树青贮饲喂肉牛肉羊技术规程	
22	甘肃傲农饲料科技有限公司	Q/ANSL07—2020	杂交构树发酵饲料	2022-05-11
23	成都臻植生物科技有限公司	Q/50532138-06.28—2022	饲料原料 构树茎叶粉	2022-07-13
24	洛阳农发生物科技有限公司	Q/LYNF003—2022	杂交构树培育技术规程	2022-09-13
25	大理一品高原农业有限公司	Q/DLYP000-2022—2022	杂交构树颗粒饲料	2022-11-04
26	农昊中医农业（广东）有限公司	Q/NHZYNY004—2023	饲料原料松针粉、龙脑樟狼尾草（皇竹草）、构树茎叶青贮饲料	2023-02-26
27	中科创构（北京）科技有限公司	Q/110108ZKCG0002—2020	杂交构树栽培管理技术规程	2023-03-02
28	中国农业机械化科学研究院集团有限公司	Q/CY NJY001—2023	杂交构树收获机	2023-03-02
29	山西大槐树生物科技股份有限公司	Q/SXDH 003—2023	大槐树·构树保健液	2023-04-10
30	常州博睿杰能环境技术有限公司	Q/CZBR-GSJSGF—2023	杂交构树热泵干燥技术规范	2023-05-10

续表

序号	企业名称	标准编号	标准名称	发布日期
31	众望所归科技集团有限公司	Q/ZWSG001—2023	构树发酵饲料生产技术规程	2023-05-31
32	山东丰唐生态农业科技有限公司	Q/110108FTNY 0001—2024	耐盐碱构树品种种植技术规程	2024-08-19
33	天水德农供销种业开发有限公司	Q/DN 01—2024	西北地区杂交构树丰产栽培技术规程	2024-09-13

企业标准信息公共服务平台（https://www.qybz.org.cn/）

第三节　市场需求

一、饲草料市场分析

饲料作为养殖业的基础与核心，与养殖业的发展息息相关。

《中华人民共和国2023年国民经济和社会发展统计公报》（2024）显示，2023年，我国全年猪牛羊禽肉产量9641万吨，比上年增长4.5%。其中，猪肉产量5794万吨，增长4.6%；牛肉产量753万吨，增长4.8%；羊肉产量531万吨，增长1.3%；禽肉产量2563万吨，增长4.9%。禽蛋产量3563万吨，增长3.1%。牛奶产量4197万吨，增长6.7%。年末生猪存栏43422万头，比上年末下降4.1%；全年生猪出栏72662万头，比上年增长3.8%。全年水产品总产量7100万吨，比上年增长3.4%。其中，养殖产量5812万吨，增长4.4%；捕捞产量1288万吨，下降1.0%。

《中华人民共和国2024年国民经济和社会发展统计公报》（2025）显示，2024年，我国全年猪牛羊禽肉产量9663万吨，比上年增长0.2%。其中，猪肉产量5706万吨，下降1.5%；牛肉产量779万吨，增长3.5%；羊肉产量518万吨，下降2.5%；禽肉产量2660万吨，增长3.8%。禽蛋产量3588万吨，增长0.7%。牛奶产量4079万吨，下降2.8%。年末生猪存栏42743万头，比上年末下降1.6%；全年生猪出栏70256万头，比上年下降3.3%。全年水产品总产量7366万吨，比上年增长

3.5%。其中，养殖产量6062万吨，增长4.3%；捕捞产量1305万吨，下降0.1%。

此外，根据公开数据，2022年至2023年，牛出栏数量由4839.91万头增至5023.48万头，同比增长3.7%。羊和家禽的出栏量在过去10年内均稳步提升。这表明近年来养殖业总体呈稳步上升态势，供应稳定，发展态势良好。

在饲料产业方面，国家统计局公开数据显示，2022年累计饲料产量为32327.7万吨；2023年累计饲料产量为31358.9万吨，较上年下降3%；2024年累计饲料产量为31636.0万吨，较上年增长近0.9%。数据显示近3年饲料产量有升有降，且涨势不明显。据中国饲料工业协会发布的《2024年全国饲料工业发展概况》，全国饲料工业总产值12620.8亿元，比上年下降10.0%；总营业收入12000.5亿元，下降9.8%。其中，饲料产品产值11238.2亿元、营业收入10673.8亿元，分别下降11.7%、11.9%。这表明2023年全国饲料工业总产值、工业饲料总产量有所下降。

近几年，养殖业规模不断扩大，稳步上涨，但饲料产业却未能及时跟上甚至有所下降，由此产生了较大的饲料缺口。这表明行业对饲料的需求逐年提升，在饲料产能需要补足的背景下，饲料原料需求只增不减，饲料原料品种有待深入挖掘。

1. 饲料原料

饲料原料需满足多项要求，如质量标准、安全性、合法性等。作为列入《饲料原料目录》之一的杂交构树，其有着速生丰产、耐砍耐伐、收获率高的特点，是一种理想的饲料原料。

目前，将杂交构树作为饲料原料使用较多的技术有二：一是进行发酵青贮，在保证杂交构树营养价值的前提下，可大幅延长杂交构树的保存时限，还能增加采食适口性，只是其对场地和工艺要求较高。关于青贮前文亦有较大篇幅提及，不再赘述。二是进行干料加工，将杂交构树制成构树粉，包括叶粉和全株粉，或制成干草。后者对场地及工艺要求不高，干燥处理过程简单易行。

中国标准化研究院网站、国家标准委全国团体标准信息平台于2019年1月公布的杂交构树饲料加工团体标准《构树干草调制技术规程》中提及，杂交构树可于收获后进行干燥，在田间即可摊开晾晒均匀，自然晾晒至水分降到16%以下，即达干燥状态，可进行贮藏。也可在干燥室或干燥炉中，通过50~70℃或120~150℃的热空气进行人工干燥，干燥后的杂交构树亦可作干草或干粉。此步骤得到的干草即为杂交构树干草，得到的干粉根据处理部位可分为杂交构树茎粉、杂交构树叶粉和杂交构树全株粉。其中，属杂交构树叶粉营养价值较高。

已有研究证实，饲料中加入适量的杂交构树叶粉有利于畜禽及经济动物（兔）的生长发育（杨青春 等，2014；夏玉兵 等，2020；杨善，2020；陈永广，2022），饲用前景良好。亦有研究对杂交构树粉采用进一步发酵，发现其对畜禽的生长性能有促进作用（黄彦兴 等，2019；王汝霞 等，2022）。

无论青贮还是干燥处理，二者均可提高杂交构树饲料原料的利用率，结合运用多重工艺，深入挖掘了杂交构树作为饲料原料的潜力，这也是科研服务生产的体现。

2. 全价配合饲料

全价配合饲料是指理论上除水分以外能全部满足动物营养需要的配合饲料。它通常由能量饲料（如玉米、高粱等）、蛋白质饲料（如豆粕、鱼粉等）、矿物质、维生素和添加剂等组成。全价配合饲料可以直接用于饲喂动物，无须额外添加其他营养物质。全价配合饲料强调营养成分的全面性和均衡性，适用面较广泛。

杂交构树本身营养并不均衡，但杂交构树的树叶、青贮加工的干物质粗蛋白含量较高，且相较于苜蓿和秸秆等饲料，其更易被畜禽消化和吸收，饲喂效果良好。以风干物质为基础进行测算，杂交构树叶的粗蛋白含量为26.1%，粗脂肪为5.2%，中性洗涤纤维（NDF）为15.9%，酸性洗涤纤维（ADF）为13.0%，钙和磷分别为3.4%和0.2%（屠焰 等，2009）。相比之下，青贮苜蓿的粗蛋白、粗脂肪、钙和磷只有17.2%、2.6%、1.5%和0.2%，NDF和ADF也有39.0%和28.6%。据统计，杂交构树每亩年产净蛋白大于400千克，高于大豆和苜蓿每亩年产量。由于其粗蛋白含量高，可以作为全价配合饲料中的蛋白质饲料进行配比补充。这可以在一定程度上替代全价配合饲料中蛋白质饲料，尤其是豆粕等进口蛋白饲料的使用，且因杂交构树产量大，市场供给平稳，杂交构树原料较豆粕有着显著的价格优势。

近些年，全球疫情刚刚过去，局部战争此起彼伏，国际形势严峻，全球粮食价格居高不下，饲料价格也水涨船高，行业尤其依赖蛋白质饲料的进口供给，这直接导致养殖成本大幅增加。为解决蛋白质饲料的"卡脖子"难题，政府不断推行政策，稳定市场的同时另寻蛋白减量替代的出路。在这种严峻的态势下，杂交构树作为较为优质的饲料蛋白质来源，既能补充蛋白质原料的国内供给，又能降低养殖成本稳定行情，还能减量替代进口蛋白质饲料，有助于降低进口饲粮依赖程度。

在全球粮食安全压力与畜牧业碳中和目标双重驱动下，杂交构树饲料市场需求持续增长。在原料端，农业农村部"非粮饲草替代行动"要求生猪饲料中非粮原料占比≥15%，推动杂交构树原料年需求突破800万吨；在全价饲料端，消费升级催生高端分化，盒马"构香黑猪"、京东"树饲土猪"等品牌，拉动含杂交构树黄酮和杂交构树叶蛋白的功能性全价饲料需求增长。预计2030年全价饲料市场规模将达1200亿元，但需突破生产标准、质量控制与保鲜等瓶颈，持续释放"生态—经济"双红利。

杂交构树饲料的兴起与全球蛋白饲料短缺密切相关。以2024年为例，我国饲料总产量达3.2亿吨，蛋白饲料进口依赖度超过80%，其中豆粕进口量占全球贸易量的60%以上，而每吨杂交构树饲料可替代约0.5吨豆粕，若推广至10%的饲料配方中，每年可减少豆粕进口量160万吨。在这种背景下，杂交构树饲料的推广被赋予"节粮型畜牧业"的战略意义。

早期企业多直接销售鲜叶或简单烘干的粗饲料，如今全价饲料配方日趋成熟。配方中通常搭配玉米、豆粕及预混料，同时添加酶制剂（如木聚糖酶）以弥补杂交构树饲料中非淀粉多糖的消化障碍。

政策支持与标准体系完善为市场扩张提供了制度保障。2018年，农业农村部将构树纳入《饲料原料目录》，明确其可在生猪、肉禽等日粮中添加，打破了此前地方性推广的行政壁垒。与此同时，原国务院扶贫开发领导小组启动"构树扶贫工程"，在贵州、云南等地的石漠化地区推广"构—饲—畜"一体化模式。这种"种养循环"模式既修复了生态，又降低了养殖成本，形成了可持续的产业闭环。

二、畜产品市场分析

消费者对食品安全与品质的关注，正在重构畜禽养殖的饲料选择逻辑。在畜禽养殖领域，杂交构树饲料的应用已从试验阶段迈向规模化生产阶段。以肉鸡养殖为例，其营养需求呈现阶段性特征：雏鸡期需要高蛋白、易消化的饲料，而育肥期则需控制脂肪沉积。杂交构树饲料的应用不仅关乎成本控制，更与产品差异化密切相关。杂交构树饲料中特有的黄酮类物质，具有抗氧化、抗菌、抗炎等特性，可减少抗生素使用。

消费者认知的转变正在倒逼产业链升级。调查显示，73%的消费者愿意为"无抗生素养殖"产品支付10%～20%溢价，而杂交构树饲料因天然抑菌特性恰好契合这一需求。从宏观市场看，杂交构树饲喂产品的溢价空间呈现分化趋势。普通养殖产品溢价为15%～20%，而通过有机认证或功能强化（如富硒、低胆固醇）的产品溢价可达30%～50%。这种分级定价机制推动了产业链向高端化延伸，但也对原料品质提出了更高要求。杂交构树饲料中硒含量需达到0.5毫克/千克以上才能显著提升畜产品硒含量，这需要配套种植富硒杂交构树品种并优化施肥方案。

消费升级驱动下，中高端消费者对"零抗生素残留""高ω-3脂肪酸含量"（较普通猪肉提升30%）的杂交构树猪肉偏好显著，盒马"构香黑猪"，售价80元/千克，复购率75%。2024年，12家猪场通过欧盟"碳标签猪肉"认证，打通出口渠道，同时通过国内"乡村振兴绿色食品"认证推动县域市场渗透率逐年递增。碳中和趋势下，每千克杂交构树猪肉碳足迹较传统猪肉减少1.2千克 CO_2e（基于全生命周期核算），吸引ESG投资型企业批量采购（如阿里食堂年订单500吨）。当前，二、三线城市价格敏感群体接受度仍待提升，但农业农村部"构树肉惠民工程"通过补贴将终端价降低至60元/千克，预计2030年市场规模突破800亿元，成为后疫情时代健康饮食革命的核心载体。

羊肉作为我国百姓餐桌上不可或缺的佳肴，广受大众喜爱，国民地位不言而喻。其蛋白质、维生素、微量元素等含量丰富，营养价值高，有利于人体免疫、儿童生长发育，对身体有温补、改善贫血的功效。据国家统计局公开数据，2024年，我国羊肉总产量为518.00万吨，为过去10年中较高值。过去3年内羊肉的居民消费价格指数分布在98.3至101.3区间内，表明近几年羊肉价格稳定，无大幅波动，市场表现良好。且最高值101.3为2024年2月统计所得，其时恰逢春节，民众对羊肉需求量大幅增加，即便如此羊肉价格也稳定在了一个合理区间内。结合实际特殊情况来看，依旧可以得出羊肉价格稳定的结论。近3年来，羊肉价格逐步下降，以集贸市场价格为例，活羊从2022年3月的38.98元/千克，降至2025年2月的31.14元/千克，降幅高达20.1%；羊肉（按去骨统肉）更是从2022年3月的83.69元/千克，稳步降至2025年2月的69.07元/千克，降幅高达17.5%。在进口与消费方面，根据海关数据，2024年我国进口四大肉类，即猪、牛、羊、禽肉（含下水，下同）约651万吨，同比下降11.8%（2023年为738万吨）。其中，羊肉进口数量由2023年的44万吨降低至2024年的37万吨，同比下降15.9%。2024年全年我国大陆人均消费四大肉类（猪、牛、羊、禽）72.72千克，折算下来每人每天消费4两（1两=50克）肉；人均消费羊肉3.9千克/年，羊肉消费占比四大肉类的5.4%。

羊肉的价格近年来呈稳定下降趋势，这不仅体现出羊肉作为民生产业重要的一部分受到了政府高度重视，也体现出我国羊肉养殖产业乃至整个养殖产业的发展与进步，技术的提升带来了养殖成本的降低与产量的提高。此外，我国羊肉进口数量也显著减少。这固然有外界因素存在，但也表明养殖产业的发展已经逐渐能够满足国内需求，我国肉品消费对外进口依赖程度有所降低。而考虑到国民对一些优质羊肉的消费需求，其进口成本远低于国内的饲养成本，这部分进口肉可以保留。且在未来，预计优质羊肉在进口肉中占比会越来越高，这同样是我国羊肉产业对外依赖程度降低的表现。总体来看，羊肉养殖行业近些年规模有所扩大，国内羊肉的需求量不断攀升，养殖行业对饲粮的需求亦只增不减。

第四节　国内外同行业比较优势与劣势

在经济全球化的大背景下，众多行业迅猛发展，饲料行业也引起了许多关注。饲料行业作为连接农业与畜牧业的纽带，是现代化养殖业的重要支撑。而近些年的国际形势呈现出"变乱交织中加速演进"的特点，一方面，地缘政治冲突、大国博弈、经济复苏分化以及社会不稳定等因素也给世界带来了诸多挑战；另一方面，新兴经济体的崛起、科技的突破以及区域合作的加强为全球发展带来了新的机遇。

饲料原料方面。以2022—2023年度为例，据美国农业部报告统计，全球小麦产量为7.81亿吨，同比增加200万吨。局部动荡导致部分地区减产，但俄罗斯、加拿大地区增产明显，对减产区域进行了弥补。同年，美国和欧盟的玉米出现大幅减产，2022—2023年度全球玉米产量为11.56亿吨，同比减少5894万吨。而全球玉米饲用需求居高不下，供需关系偏紧张，奠定了这两年较高的国际玉米价格。关于大豆，主要有美国、巴西和阿根廷等几个大豆大国供应，其中除了阿根廷当年受干旱影响或会减产，其他国家均顺利收获，全球大豆产量同比增加，全球大豆供应稳定。

可以看出，国际饲料原料主要由美国、俄罗斯、加拿大、巴西等国供应出口，这些国家对国际饲料原料市场影响较大。若有因不可抗力原因导致产量降低或者出口减少，均会对国际饲料原料价格造成影响，进而影响到整个饲料产业。有学者认为，近年来国际形势不稳定，饲料市场供需格局频繁受到扰动，价格呈高位大幅震荡的态势，但全球主要饲料的供需形势有所改善。国际形势的复杂与极端天气的不确定性，或许会让全球饲料原料价格下降，但总体仍会处于历史较高水平。

畜牧业是我国农业农村经济的支柱产业，对国民经济发展具有重要意义。党的十八大以来，我国畜牧业现代化、规模化进程加快，综合产能进一步提升，肉蛋奶产量多年来一直稳居世界前列。根据国家统计局数据，2024年，我国猪牛羊禽肉产量9663万吨，比上年增长0.2%，连续两年突破9600万吨，居世界第一位。20世纪80年代后，我国养殖业发展主要采用玉米豆粕型的饲料配方模式，豆粕用量占比较高。随着养殖量增加以及养殖模式和结构改变，饲料粮用量逐年增多，供应日趋紧张。据农业农村部畜牧兽医局统计，2024年养殖业饲料消耗量约4.7亿吨，其中饲用蛋白近一半依赖进口。2023年，我国养殖业消耗的蛋白总量8145万吨，国内来源4442万吨、占54.5%，进口来源3703万吨、占45.5%。随着畜牧业的发展，我国资源约束日益凸显，蛋白质饲料原料严重不足，特别是优质蛋白饲料因短缺进口依赖度高，已成为制约我国畜牧业发展的主要瓶颈。

2024年底，农业农村部印发的《关于实施养殖业节粮行动的意见》提出，要推进饲料资源开源节粮，深入挖掘存量非粮饲料资源。据研究，充分满足饲草供给可大幅减少猪牛羊及禽类养殖对饲料粮的需求，同时种植饲草供给猪牛羊及禽类养殖，其效率也是种植粮食作为饲料的1.3倍。但目前我国饲草产量无法满足国内需求，大量依赖进口。初步测算，我国要确保牛羊肉和奶源自给率分别保持在85%左右和70%以上的目标，对饲草的需求总量将超过1.2亿吨，全国饲草产量约7160万吨（折合干重），尚有近5000万吨的缺口。中国海关总署进口统计数据显示，2024年中国进口包括苜蓿干草在内的牧草134.4万吨，与2023年相比增长23.7%，进口总额4.85亿美元。受奶牛养殖业市场波动影响，牧草进口量仍处于低位，但正在稳步增长（见图2-1）。农业农村部畜牧兽医局预计，到2030年，我国养殖业饲料消费需求将达到约5.1亿吨，比2022年增加4900万吨。2035年，饲草需求将达15380万吨，缺口超过7600万吨。

杂交构树不仅具备适应性强、速生、高产、耐刈割等优势，而且具有蛋白质含量高、营养丰富、适口性好等特点，是我国畜牧业可持续发展的必然选择和重要推动力。杂交构树作为畜禽饲料，不仅能提高动物的生产性能和免疫力，还能降低养殖成本。因此，积极发展杂交构树产业有望解决我国畜牧业饲料供给方面的多项挑战，尤其是优质蛋白饲草短缺的问题。杂交构树产业虽然尚处于起步发展阶段,但与传统的蛋白饲料如紫花苜蓿和木本饲用桑相比,具有诸多的优势和特点。

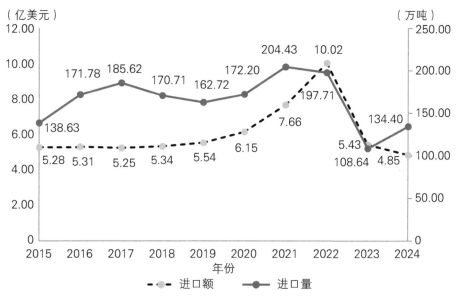

图2-1　中国牧草进口量与进口总额(2015—2024年)

数据来源:中国海关总署。

一、国际比较

紫花苜蓿作为全球畜牧业的核心蛋白饲草,被广泛用于牛肉和奶制品的生产,在全球饲料市场占据主导地位。其粗蛋白含量高、适口性强的特点使其成为现代化牧场的重要蛋白原料。中国乳制品行业从散养模式向规模化牧场转型的结构性升级催生了苜蓿需求的爆发式增长。2023年,全国紫花苜蓿种植面积达2518.2万亩,干草总产量1422.8万吨,但供需矛盾依然尖锐。美国2023年向中国出口了89.8万吨苜蓿干草,占中国进口总额的89.9%,价值4.6亿美元。对中国第二和第三大紫花苜蓿出口国是南非和西班牙,2023年苜蓿出口总量分别为4.4万吨和3.7万吨。自2008年以来,美国一直是中国市场最大的紫花苜蓿干草出口国,市场份额保持在80%以上。中美贸易摩擦与国际物流波动导致进口价格长期高位震荡,在2023年1月和2月价格分别达到596.1美元/吨和591.8美元/吨（见图2-2），对外依赖不仅增加了养殖成本，也给我国畜牧业安全带来了潜在风险。

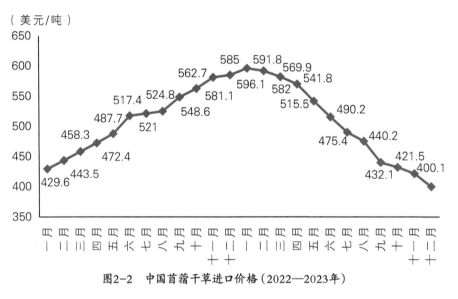

图2-2　中国苜蓿干草进口价格（2022—2023年）

*数据来源：荷斯坦奶农俱乐部。

杂交构树与紫花苜蓿相比，具有多个比较优势：其种植适应性显著超越紫花苜蓿，不仅可在华北、西北地区生长，更能覆盖长江流域至华南的暖温带、亚热带区域。在丰产地区种植，年亩产鲜饲料可达8吨，净蛋白总量达400千克/亩，折合成净粗蛋白相当于7亩左右的大豆、5亩左右的紫花苜蓿。同时，富含更多的粗脂肪、钙元素与其他矿物质、类黄酮和生物碱等活性物质，可有效增强动物的免疫力，从而减少饲料中的额外添加，节约饲养成本。杂交构树枝叶中含有较多粗纤维、木质素，会影响饲料适口性，因此需要对杂交构树进行适当的加工处理。通过青贮发酵不仅能显著改善杂交构树的适口性和消化性能，还能解决青绿杂交构树的长期贮存问题。青贮发酵能降解杂交构树中的粗蛋白、粗纤维、淀粉等难以消化的大分子。并且，青贮过程中还会产生大量芳香化合物，提高杂交构树适口性。日粮添加杂交构树青贮饲料，能显著降低饲料成本，提高养殖利润。在日粮中使用杂交构树青贮100%替代苜蓿干草，对奶牛的干物质摄入量、产奶量和牛奶成分无影响。并且饲料中额外添加杂交构树青贮，能在显著提高奶牛产奶量的同时，降低牛奶体细胞数量，改善抗氧化能力。在奶山羊的生产中加入19.8%的杂交构树青贮能降低饲料成本，增强动物抗氧化能力。此外，杂交构树叶中含有约15.5克/千克的单宁，约为苜蓿的2倍。反刍动物在短时间内以大量苜蓿为食，由于苜蓿的快速消化产生大量气体，会出现"胀气"，严重时可能导致死亡。在饲料中添加单宁能有效防治动物胀气。研究证实在紫花苜蓿中添加杂交构树能减少产气，从而防治动物胀气，并在消化过程中产生更多短链脂肪酸，改善动物健康。综上所述，杂交构树青贮营养丰富，含有一定量单宁，是苜蓿干草优良的替代、补充品，能有效补齐我国畜牧业苜蓿生产不足和依赖进口的短板，解决我国进口苜蓿和大豆面临的"卡脖子"问题。

在生猪生产方面，饲料端，杂交构树凭借18%~26%粗蛋白含量（苜蓿14%~18%）和吨成本1200~1500元，突破传统饲料依赖进口大豆的瓶颈，且耐盐碱、抗旱特性使中国在边际土地利用率上远超欧美（欧盟同类项目亩产≤12吨），饲料蛋白成本为豆粕的1/2。养殖端，"种养循环+碳汇增值"模式实现粪污处理成本约40元/头，而美国工业化猪场处理成本约15美元/头。此外，叠加碳交易收益（0.05吨CO_2e/吨饲料）和政策补贴（500元/亩），综合养殖成本较国际同行低20%~25%。猪肉品质端，杂交构树饲喂猪肉获欧盟碳标签认证，盒马"构香黑猪"等高端品牌，占据超过丹麦皇冠、美国Smithfield等企业的高端市场份额，成为全球畜牧业绿色转型的标杆。

联合国粮农组织统计数据库资料（FAOSTAT）显示，2022年，全球羊存栏量24.7亿只（山羊存栏11.5亿只，绵羊存栏13.2亿只），出栏量11.4亿只（山羊出栏5.0亿只，绵羊出栏6.4亿只），羊肉产量1664万吨（山羊肉产量636.8万吨，绵羊肉产量1027.2万吨），与2021年全球肉羊存栏量24.2亿只、出栏11.1亿只、羊肉产量1631.1万吨相比，肉羊存栏量、出栏量和羊肉产量分别增长了2.07%、2.70%和2.02%。国际上对养殖业十分重视，尤其看重肉羊养殖。美国、英国、法国、新西兰和澳大利亚等养殖业发达国家早已将原来以生产羊毛发展毛用型和毛肉兼用型品种为主，调整为以生产羊肉发展肉用型和肉毛兼用型品种为主，特别是将优质羊肉和羔羊肉生产作为产业发展的主要方向，其中美国、英国、法国、新西兰、澳大利亚优质高端羊肉和高档羔羊肉的生产份额分别占国内羊肉总产量的92%、94%、75%、90%和70%，羊肉品质好，价格竞争优势强，成为全球优质高档羊肉的主要出口国。随着经济全球化，全球贸易加速，羊肉产量和消费需求不断提高，且优质羊肉和羔羊肉的比重越来越高。杂交构树是优质非粮蛋白质饲草料，牛羊饲草可添加50%左右，可以"以树代粮"替代部分豆粕、玉米和苜蓿。在养殖实践中杂交构树饲料适口性好，成本可降低20%~30%，提高羊肉质量，促进肉羊养殖业发展。

二、国内比较

中国饲料工业协会认为，2024年，尽管全国饲料工业总产值、工业饲料总产量有所下降，但饲料添加剂产值、产量稳步增长，饲料企业节粮效果进一步巩固，新产品创制步伐明显加快。近年来，我国饲料工业呈现一定幅度的收缩，但国内养殖行业对饲料的需求不减，国内饲料行业依然有较大的需要填补的空缺。

我国木本饲用植物资源丰富、利用历史悠久，有千余种木本植物可饲喂畜禽。与传统牧草相比，木本饲料具有生物量大、适应性强、产量高、粗蛋白含量高等特点。目前，包括杂交构树在内的木本饲料资源已在养殖业中得到了广泛应用，杂交构树在国内主要面临饲料桑、辣木和银合欢等木本饲料的竞争。

饲用桑与杂交构树均为我国木本饲料中效益较好的新型品种，两者同属桑科植物，在木本蛋白质饲料这一生态位中，面临激烈竞争。木本饲用桑是在原有桑树乡土树种基础上，经杂交选育专门用于替代草本饲料的木本植物，即蛋白桑，又称饲料桑，具有生长速度快、产量高、适应性广、水土保持能力强等特点，广泛分布于我国各地，种植面积约有100万公顷，长江流域地区每年每公顷产桑叶30吨，珠江流域45吨左右。

在种植生产方面，高产桑园每年产鲜叶量可达3吨/亩，其蛋白质产量相当于大豆蛋白质亩产量的1~2倍，仍低于杂交构树。虽然木本饲用桑耐寒性和越冬性好于杂交构树，但中国科学院植物研究所培育的杂交构树新品种耐寒性和越冬性已有了大幅度提高，河南太康、山东菏泽牡丹区种植的杂交构树组培苗，零下十几度气温依然能够顺利过冬。在营养价值方面，桑树叶中粗蛋白质含量约21.9%，略低于杂交构树；粗脂肪2.4%，粗纤维14.5%，碳水化合物51.8%，粗灰分9.4%，与杂交构树类似。

在抗营养因子方面，饲料桑植酸含量16.1克/千克、皂苷含量82克/千克，分别是杂交构树的16.7倍和3.4倍。植酸能在肠道中与多种必需矿物质螯合，导致其生物利用率低，并降低消化酶活性；皂苷能减少肠道对营养物质的吸收，降低饲料消耗量和动物产量。此外，桑叶的单宁含量为杂交构树的一半，适量的单宁能有效减少反刍动物的胀气现象。在养殖应用中，两者作为补充料或苜蓿替代品，均能不同程度改善饲料转化率、畜禽的生长性能和动物产品质量。

辣木为辣木科辣木属多年生乔木，生长迅速、适应性强。辣木原产印度，我国于20世纪初开始引种，主要种植在广东、广西、海南、四川、云南等热带和亚热带地区。辣木每亩枝叶产量可达3吨，其粗蛋白含量为26%左右，与杂交构树类似，添加到饲料中能减少畜禽饲养成本、提高动物体重净增率、产蛋率等。但与杂交构树相比其生产与应用有较大局限性，首先，辣木属于热带亚热带植物，仅在我国南方少量种植；其次，辣木采收和加工工艺不健全，现阶段辣木加工主要以辣木粉或辣木青贮的形式少量添加到动物的饲喂中。

银合欢是豆科含羞草亚科银合欢属的多年生常绿灌木或小乔木，具有生长速度快、产量高、利用期长和再生性强等特点。在湿润的热带地区，鲜枝叶的产量为3.5~4吨/亩，平均粗蛋白含量高达24%。但其含有较高的抗营养因子，除了单宁和酚类化合物，还有含羞草碱，有毒的非蛋白质游离氨基酸占幼叶干物质含量高达9%，种子干物质含量高达4%~7%，限制了银合欢作为饲料的进一步应用。

杂交构树与饲料桑、辣木、银合欢等国内木本饲料相比，蛋白质含量高，抗营养因子低。在产业体系上，杂交构树育苗产业具有成熟的组培快繁体系，年产种苗能力在8亿株以上。杂交构树企业以"构—饲—猪"模式，覆盖饲料生产和下游畜禽养殖，形成"大别山构香猪""大别山构香鸡""大别山构香鸡蛋"等特色产品，在与饲料桑的竞争中具有系统性优势。

第三章

杂交构树产业发展
重点区域

第一节　河南产区

一、自然特征

1. 概况

河南省位于中国中东部，黄河中下游，周边与山西、河北、山东、安徽、湖北、陕西等6省接壤，总面积16.7万平方千米。地势西高东低，自西向东呈阶梯状降低，分为山地、丘陵和平原三大类型。山地主要分布在北部、西部和南部，如太行山、伏牛山等；丘陵主要分布在黄河、伊河、洛河和涧河两岸及伏牛山南麓等地；平原主要为豫东黄淮海冲积平原和淮河以北、京广线以西的山前平原。

地处亚热带向暖温带过渡地区，属北亚热带向暖温带过渡的大陆性季风气候，四季分明。冬季寒冷少雨雪，春季干旱多风沙，夏季炎热多雷雨，秋季晴朗日照长。年平均气温12.8~15.5℃，无霜期190~230天，年均降水量407.7~1295.8毫米，雨量集中在6—8月份，适合多种农作物生长。旱涝、寒潮、风沙等自然灾害频发：夏季暴雨易致洪涝，春季干旱影响春耕，冬季寒潮可能冻伤作物和牲畜，需依赖水利设施和农业技术防灾减灾。

境内有黄河、卫河、淮河、汉水四大水系，流域面积50平方千米及以上的河道共1030条。黄河横贯省境北部，淮河是境内最大水系。地下水和地表水可支撑农业灌溉。但部分地区（如豫北）水资源短缺，需依赖南水北调等工程来缓解。

平原广阔，地形多样，华北平原（黄淮海平原）占全省面积约55%，地势平坦，土壤肥沃，是粮食作物（如小麦、玉米）主产区。西部和北部为山地、丘陵（如太行山脉、伏牛山脉），适合发展林业、畜牧业（如山区养殖牛羊）及经济作物（如林果、中药材）。土地类型丰富：耕地面积约1.2亿亩（居全国前列），另有林地、草地、滩涂等，为农牧业多元化发展提供基础。

土壤类型多样,主要有褐土、潮土、砂姜黑土、黄棕壤等。褐土主要分布在豫西、豫北的山地和丘陵地区;潮土多分布在平原地区;砂姜黑土主要分布在豫东南平原;黄棕壤则分布在豫南的大别山、桐柏山地区。

2. 农牧业情况

全省耕地面积约1.2亿亩,粮食总产量占全国约1/10,小麦产量占全国1/4以上,是保障国家粮食安全的核心产区之一,也是全国重要的粮食净调出省,每年调出原粮及制成品600亿斤(1斤=500克)左右。小麦产量和制种能力均居全国首位,油料、蔬菜产量分别居全国第一位、第二位,农机总动力居全国第二位。生产了全国1/2的火腿肠、1/3的方便面、1/4的馒头、3/5的汤圆、7/10的水饺、4/5的酸辣粉,农产品加工业已成为河南的支柱产业,实现了从"中原粮仓"到"国人厨房"和"世人餐桌"的蝶变。

河南省是我国养殖大省,2024年全省生猪存栏4300万头、出栏6200万头,猪肉产量占全国约8%;肉牛存栏量为335万头,2024年出栏肉牛243万头,牛肉产量居全国第八位;家禽存栏6.5亿只、出栏10亿只,禽肉和禽蛋产量均居全国前列,是全国重要的畜产品生产和调出基地。河南省畜牧业以规模化、产业化为主导,依托粮食资源和龙头企业优势,形成从养殖到加工的完整链条,同时在特色品种保护、绿色养殖等方面持续探索,推动产业高质量发展。

3. 面临的挑战

水资源约束:豫北、豫中部分地区缺水,农业灌溉依赖地下水,节水灌溉面积仅占耕地的32%,需推广滴灌、喷灌技术。

中低产田改造:全省约3000万亩中低产田,土壤盐碱化、贫瘠问题亟待改善,需通过土地整治、增施有机肥等提升产能。

气候风险:夏季暴雨易致涝,春季干旱影响春耕,需加强水利设施建设与防灾减灾技术应用。

养殖成本压力:饲料原料(玉米、豆粕)价格波动大,2024年部分中小养殖场因成本高而减产,需推动"粮改饲"(如青贮玉米)降低饲料成本。

牛源短缺与屠宰产能闲置:肉牛养殖周期长(2~3年),部分屠宰场因牛源不足产能利用率不足50%，需加强本地良种繁育（如夏南牛推广）和省外牛源引进。

环保与用地约束：豫北、豫中人口密集区养殖密度高，粪污处理压力大，需推广"养殖+有机肥"循环模式；养殖用地审批难度增加，需盘活农村闲置土地发展适度规模养殖。

二、产业发展现状

2015年，根据国务院扶贫办《关于开展构树扶贫工程试点工作的通知》要求，河南省经过调查摸底、征求意见，确定在开封市兰考县开展杂交构树扶贫工程项目，成效明显。2018年6月23日全国构树扶贫现场会在兰考县召开，刘永富主任到会并充分肯定了河南杂交构树产业扶贫的成效，明确要求河南要总结经验，扩大试点，努力走在全国前列。现场会召开后，河南省把杂交构树扶贫作为产业扶贫的重要抓手，促进了全省贫困地区农业供给侧结构性改革，培育了适宜贫困地区发展的特色产业，蹚出了一条产业扶贫的新路子，初步形成了组培、炼苗、种植、饲贮、加工、养殖的特色构树产业链，以"小构树"带动"大扶贫"。截至2020年底，全省构树种植面积5.76万亩，带动建档立卡贫困户0.76万户1.64万人，建成杂交构树组培中心3个、标准化收储加工饲草站4个、构树干粉加工厂1个、年产5万吨生物饲料加工生产线1条，饲喂构树湖羊养殖棚20栋1.59万平方米，淮滨县防胡镇"杂交构树特色小镇"初具规模。

1. 主要做法

（1）坚持高位推动。河南省对推广杂交构树扶贫工程高度重视，省政府分管领导亲自组织研究推动杂交构树扶贫工作，并把杂交构树扶贫工程纳入黄河滩区饲草产业带建设规划。

（2）坚持试点先行。为了探索杂交构树扶贫的带贫路径，积累经验，采取典型引路、示范带动、扶持引导的办法，因地制宜、科学规划、合理布局，在黄河滩区，西部、南部浅山丘陵区和有一定种植基础的地方选择26个县（市、区），建立不同规模、不同模式的构树种养示范基地，进行多点示范，并逐步向全省进行推广。

（3）坚持链式发展。在杂交构树扶贫推进过程中，在拉长杂交构树产业链条上做文章，在拓展杂交构树使用范围上下功夫，不断提高杂交构树种植的经济效益、社会效益、生态效益，初步形成了杂交构树全产业链发展模式。组培育苗方面，年产成品苗近2亿株；杂交构树饲料加工方面，建成构树干粉加工厂1个、年产5万吨生物饲料加工生产线1条，开发出了杂交构树青贮料、发酵料、粉末料、颗粒料四大类产品。

（4）坚持群众受益。在延长产业链条的同时，注重探索完善贫困群众与杂交构树种植、加工企业之间的利益联结机制，指导各地从种植、养护、收割、仓储等多个环节入手，通过技术指导、土地流转、务工就业等方式，把贫困群众嵌入杂交构树产业发展的各个环节，降低贫困群众单打独斗的经营风险，促进其持续稳定增收，探索出了兰考县"政府+企业+村集体+贫困户"带贫模式、社旗县"公司+基地+合作社+贫困户"合作共赢模式等一批能提高贫困群众参与度、获得感的好模式。

（5）坚持合力推动。为扎实推进杂交构树扶贫工程，相关部门协同联动，共同发力。省扶贫办牵头协调省直相关单位及科研机构共同参与杂交构树扶贫；省农业农村厅负责把杂交构树产业扶贫纳入农业结构调整的重要内容，给予项目、资金支持，并做好饲草的标准化问题研究和龙头企业的引进，引导草畜发展项目向杂交构树产业扶贫示范县（市、区）倾斜，推动规模化畜牧养殖企业试用、使用杂交构树饲料；省扶贫办、农业农村厅负责指导兰考县政府协调杂交构树种植、加工、养殖企业成立杂交构树企业联盟；省财政厅负责及时出台、调整杂交构树扶贫财政支持政策；省科学院、农科院负责加大杂交构树研发力度，着力破解技术难题，联合省市场监管局、省农业农村厅共同推进杂交构树饲料团体标准的制定；林业部门、农机部门负责联合科研部门加强对杂交构树栽培技术、杂交构树机械的研究攻关。

（6）坚持强化支撑保障。一是强化政策支撑。河南省相继出台了《关于加快推进构树扶贫工作试点的实施意见》《关于做好构树扶贫示范推广工作的通知》等文件，各示范县（市、区）也出台了具体的支持政策，构建起了相对健全的政策支撑体系。为解决杂交构树扶贫工程推进过程中出现的问题，省政府调整奖补政策，将每发展一亩杂交构树的种苗补贴标准从300元提高至600元；同时，将机械补贴从收割、打包环节延伸到饲草加工环节。二是加大资金投入。省里每年安排3000万~5000万元，对杂交构树发展好的市县进行奖补。各示范县（区）也都加大了对杂交构树产业的投入。三是强化科技支撑。河南省科学院、农科院、农大等相关科研单位不断加大构树研发力度，定期组织人员进行技术指导，有力支撑了杂交构树产业发展。

（7）坚持完善推进机制。一是建立了联席会议制度。扶贫、农业、财政等部门参加，加强沟通，密切配合，及时解决工作推进过程中出现的问题。二是建立了月报制度。对各地杂交构树发展情况进行跟踪管理，督促各地做好杂交构树扶贫工作。三是建立了督查巡查制度。适时开展专项督查巡查，对工作不力的通报批评并限期整改，对杂交构树扶贫工作中的先进经验进行全省推广。

2. 主要成效

杂交构树作为一种新型优质牧草，是优良的蛋白质饲料原料，叶片厚而光滑，适口性好，不易发生病虫害，生长过程中不使用农药，因此做成的饲料不含激素、农药，无公害、无污染。杂交构树饲料富含类黄酮和其他生理活性物质，能增强畜禽自身免疫能力，用它喂养的畜禽生长快、肉质好，是真正的绿色食品。杂交构树叶子粗蛋白质含量高达26%；全株茎叶粗蛋白含量20%左右，钙含量3.4%，氨基酸、维生素、碳水化合物、硒等微量元素含量比一般饲料（秸秆青贮）大幅度提升。通过各示范县对杂交构树的评估结果梳理、分析，杂交构树扶贫工程项目的发展主要呈现以下几个特点。

（1）调整优化了种植结构。调整优化种植结构是深化农业供给侧结构性改革的一项重要内容。在中央农村工作会议上，习近平总书记对深化农业供给侧结构性改革作了重要论述，要求走质量兴农之路，突出农业绿色化、优质化、特色化、品牌化，树立大农业观、大食物观，在提高农业综合效益上做足文章。河南省委、省政府对此高度重视,明确提出了"四优四化",就是要大力发展优质小麦、优质花生、优质草畜、优质林果,促进布局区域化、经营规模化、生产标准化、发展产业化。而杂交构树产业正是落实"四优四化"的切入点。杂交构树是一种优质的饲料原料,具有速生、适应性强等特点,不仅适合在盐碱化、沙漠化土地上规模化种植,而且具有巨大的经济价值。

(2)增加了贫困群众收入。杂交构树产业高产量、高收益,一次种植可生长收割15年以上,每年可收割3~4茬。杂交构树产业发展链条长,有育苗、炼苗、种植、收割、饲草加工、储运、养殖等多个环节,可实现一二三产业融合发展,各个环节都可以带动大量劳动力就业,有利于提高贫困群众产业参与度,实现稳定增收脱贫。从兰考县的实践看,杂交构树每年可以收获4茬,每年每亩产量可达4~8吨,每亩收入在2500~4000元之间,远远高于种植粮食作物的效益。因此,大力发展杂交构树产业,可以有效地增加贫困人口就业,拓展贫困群众的增收渠道,壮大农村集体经济等,在贫困群众稳定增收方面发挥积极的作用。

(3)改善了生态环境。杂交构树适宜在黄河滩区沙化土地生长,可以有效地防风固沙,改善生态环境,对打赢污染防治攻坚战也有较好的效果。

(4)拉长了产业链条。各地针对牛、羊、猪、鸡、鸭、鹅、鱼等畜禽的特点,研究开发了杂交构树青贮料、发酵料、粉末料、颗粒料四大类产品,青贮料主要是饲喂牛、羊,发酵料主要是饲喂猪。同时,还开发出了构香面条、构香馒头、构香饺子、构香蒸菜、构香酱、构芽菜、构香茶、食用构精粉等新产品,为杂交构树的利用拓展了新的途径。从平桥区杂交构树扶贫工作评估报告看,杂交构树的叶子有"人参热补,桑叶清补"之美誉,富含人体所需18种氨基酸、粗蛋白、粗脂肪,是"药食同源"植物,可做构叶茶。树叶中含有的N-糖化合物(N-containing-sugars)具有抑制血糖上升的作用。树叶还富含黄酮化合物、酚类、有机酸、胡萝卜素、维生素及多种人体必需的微量元素,对改善和调节皮肤组织的新陈代谢、抑制色素沉着的发生和发展有积极作用。鲜树叶可凉拌、热炒、做馅,烘干磨粉后可做各种面食等。

3.科技创新

2023年2月,河南省科学院牵头成立"河南省构树产业工程研究中心",该中心以杂交构树全产业链技术攻关为核心,重点攻克杂交构树全产业链的具体问题,包括种苗繁育、种植、采收、储存、加工、养殖以及畜禽产品品质评价等各环节发展中的技术瓶颈,形成杂交构树饲料的产业化、规模化、标准化发展体系,建立杂交构树全产业链标准化示范区,为杂交构树特色产业的发展提供标准化实用化的技术支撑。中心积极开展杂交构树产业共性技术及杂交构树畜禽产品开发的相关研究,同时整合、培养构树产业专业技术人才,对杂交构树全产业链技术问题进行跟踪,进行全过程技术服务与技术指导,打造杂交构树全产业链技术支撑队伍,形成综合全面的社会服务能力,推动河南乃至全国杂交构树产业健康、快速发展。

河南省内与杂交构树产业相关的科教机构以及部分企业也参与了科学研究与技术开发,如河南科技大学科研团队主要承担构树青贮、发酵等不同产品加工工艺、质量标准以及在畜禽养殖中的应用研究,并围绕"杂交构树优质高产栽培技术、构树发酵饲料关键技术、南阳牛肉质风味物质基础"等关键技术开展攻关。承担的横向课题"杂交构树发酵饲料对奶牛生产性能、乳清抗氧化及生化指标的影响",研究选取健康荷斯坦奶牛,在其日粮中添加不同比例的杂交构树发酵饲料,发现日粮中添加8%和12%的杂交构树发酵饲料可改善乳成分、乳清抗氧化和生化指标,表明杂交构树可作为粗蛋白木本饲料开发利用。还与社旗金构农牧股份有限公司合作获批河南省"揭榜挂帅"科技项目"杂交构树无抗发酵饲料加工及高端牛肉品质改良技术"。

三、产区优势

1.自然条件层面看,区位优势强

河南省地处中国中部,地势平坦、气候适宜、雨量充沛、光照充足、土壤肥沃,是我国的粮食大省,适合杂交构树的种植。

2. 国家政策层面看，发展后劲足

2015年，杂交构树产业被列入"国家十大产业精准扶贫工程"之一。2018年4月，杂交构树被列入《饲料原料目录》；6月，被列入"粮改饲"木本良种推广；7月，国务院扶贫办印发《关于扩大构树扶贫试点工作的指导意见》。2020年，河南省农业农村厅印发《河南省2020年粮改饲试点项目实施方案》，2020年全省项目县计划完成"粮改饲"面积100万亩以上，全株青贮288万吨以上。一系列的政策举措给杂交构树扶贫产业发展提供了有力的政策保障。脱贫攻坚结束后，2022年4月5日，河南省人民政府办公厅发布《河南省肉牛奶牛产业发展行动计划》，对新增杂交构树种植基地，每亩一次性补助800元，持续支持杂交构树产业发展。

2024年，河南省农业农村厅发布《关于做好2024年中央财政畜牧业发展相关项目实施工作的通知》和《2024年粮改饲项目申报指南》，省内多县（市、区）将杂交构树纳入粮改饲项目，开展饲草料作物种植、全株青贮，支持具有一定饲草料作物收贮能力的规模化草食家畜养殖场（企业、合作社、家庭农场）或专业青贮收贮企业（合作社、家庭农场）等新型经营主体。兰考盛华春植保服务有限公司当年生产杂交构树青贮料12059.06吨，每吨补助60元，共补助723543.6元。

3. 畜牧养殖层面看，市场潜力大

2024年，全省猪、牛、羊、禽肉产量688.21万吨，禽蛋产量418.25万吨，牛奶产量230.35万吨。生猪市场：2024年6月以后，河南省活猪和生猪价格均持续快速上涨，猪粮比价从3月开始持续升高，养殖户的补栏积极性高涨。牛羊市场：受进口牛肉冲击和国内市场牛肉阶段性供过于求等因素的影响，春节以来牛肉市场行情持续下跌，7月以后趋于平稳，9月价格回升。羊肉市场行情自2月以来持续下跌，随着产能去化和秋冬季羊肉消费旺季到来，9月价格已经开始趋于平稳。家禽市场：鸡肉价格行情总体平稳。鸡蛋价格呈现先下跌后上涨态势。牛奶市场：受国内奶牛养殖增长迅速、进口乳品对国内原料奶的挤占效应以及国内乳品终端消费需求增长放缓等因素的影响，2023年以来，牛奶价格持续下跌。杂交构树嫩枝叶蛋白质含量高，是纯天然高蛋白饲料，可作为苜蓿等其他蛋白饲料的替代品。河南省是全国重要的畜牧业大省，蛋白饲料需求量极大。

四、存在问题

1. 一次性投入高

目前，河南地区流转土地租金平均在1000元/亩左右，杂交构树种苗费约需1500元/亩，雇工成本高，前2年种植、管护成本约1000元/亩，合计前期投入约需3500元/亩，前期投入较高。

2. 种植技术有待完善

杂交构树虽然适应性强、抗病虫害能力强，但是想要获得高产仍需要田间管理人员科学地进行灌溉、追肥、田间除草等管理。而在实际中往往由于田间管理人员管理较为粗放导致杂交构树缺乏营养，长势、产量不理想，难以实现效益最大化、最优化。

3. 用地难以保障

一是流转土地成本较高，一般企业周转资金难，投资能力有限；二是大面积种植杂交构树，与粮争地，按照当前国务院关于耕地"非粮化、非农化"等保护政策，种植杂交构树存在一定的政策风险；三是农户种植杂交构树参与度不足，产业基地难成规模。

4. 产业认知度低

虽然杂交构树的用途、知名度越来越高，但杂交构树饲料、杂交构树蛋白粉等产品的市场知晓度不高，小规模养殖户使用量杯水车薪，大型养殖场不愿意轻易尝试。主要是因为杂交构树饲料应用不够广泛，缺少规模化专业杂交构树饲料加工厂，生产的饲料不能满足一般养殖户使用量，杂交构树种植、加工、养殖不配套。杂交构树种植的收割机具、加工设备尚未能纳入农机购置补贴范围，不能有效降低企业投入成本。同时，杂交构树产品市场收购机制不完善，杂交构树种植产品价格波动较大，市场风险大。

五、前景展望

关于杂交构树饲料林种植产业技术的研究在我国已经开展,在良种选育、种植密度、水肥供给、病虫害防治、采收加工等关键技术环节均进行了理论研究及技术创新。目前,已选育出"中科"系列杂交构树品种,同时围绕着杂交构树产业"构—饲—畜"各环节都取得了长足的进步,如种苗扩繁和丰产栽培配套技术的优化、采收机械的调试和改进、烘干节能和实用化处理,以及杂交构树畜禽养殖技术的提升,这些技术体系、工艺流程和机械设备每前进一步都为杂交构树产业可持续发展提供了强有力的支撑。

河南省是畜牧大省,发展杂交构树种植市场广阔,潜力很大。发展杂交构树产业,促成"种植—经济林—饲料—生态养殖—肉类加工"的现代生态农业模式,可从以下几个方面发展:

(一)全面布局,政府协调,市场运作,产业振兴

1. 建立优质种苗基地,促进杂交构树产业健康发展。大力推广杂交构树工厂化组培苗生产,以解决部分地区存在野生构树种苗、扦插苗木充斥市场、优质杂交构树种苗供应不足等问题。

2. 引导企业参与,促进杂交构树产业快速发展。积极引导企业参与杂交构树产业开发,采取"公司+合作社+基地+农户"的经营模式,鼓励带动周边农户特别是贫困户参与发展杂交构树产业。

3. 构建生态循环产业链,促进杂交构树产业可持续发展。多方融资拟建设养牛场和养羊场,消纳杂交构树青贮饲料,通过以种代养,以养促种,发展构饲羊、构饲牛、构饲猪等一系列生态产品,实现"树变奶、树变肉"过腹增值,进一步促进杂交构树产业链闭合式发展。

4. 创新举措,多点联动。一是"给人种",引导、鼓励群众通过土地流转、土地入股、土地托管等方式入股杂交构树种植专业合作社或村集体合作社;二是"帮人种",按照灵活就业、自由结合的原则,优先安排贫困户到种植专业合作社就业,实现家门口灵活就业;三是"自己种",对于有种植意愿的农户,

龙头企业承诺提供低于市场价格的优质杂交构树苗，并提供技术指导、农机支持。

5. 拉长链条，增加收益。拉长产业链条，研发构树产品，增加附加值，培育杂交构树产品利润增长点。重点开发杂交构树"三品"，即保健品、食品、特色小产品，延伸发展杂交构树酒、构树蘑菇、构树醋、构树酱油、构树饲料及养殖与乳制品等产业链条，增加收益。

（二）科学管理、技术先行、发挥人才优势

1. 采用科学的种植、养殖管理方式和技术体系

对参与其中的政府、企业、合作社和种植户等进行技术引导、鼓励。建议选择正规的种苗渠道，实施种养循环，以养带种。

2. 发挥人才优势，促进科技成果转化，加强宣传

充分发挥杂交构树产业高层次人才的科研优势，提高杂交构树科技成果转化效率，加大科研投入和研发力度，加快种养加标准的制定，深度开发杂交构树饲料、保健品、食品、特色小产品，举办各种论坛和学术交流等，促进杂交构树产品推广使用。杂交构树产业及产品将逐步走入大众化视野，实现对杂交构树产业的广泛深度认知，加大相关宣传力度，促使产业切实落地。

第二节　重庆产区

一、自然特征

重庆市位于中国内陆西南部、长江上游地区，东邻湖北省、湖南省，南接贵州省，西靠四川省，北连陕西省，总面积8.24万平方千米。地势起伏大，东部、南部、东南部地势高，大多为海拔1500米以上山地，最高处大巴山的阴条岭海拔2796.8米；西部地势低，东部最低处巫山长江水面海拔73.1米，大多为海拔300~400米的丘陵。山地丘陵面积占比高达98%，地貌类型有中山、低山、高丘陵、中丘陵、低丘陵、缓丘陵、台地和平坝等。地势起伏大，垂直差异明显，为立

体农业发展提供了条件。

气候属亚热带湿润季风气候，热量丰富，冬暖夏热，春早秋短，四季分明，无霜期长，雨量充沛，云雾多，日照少，风力小。年平均气温18.2℃，常年降水量为1100毫米左右，主要降水时段在4月至9月，春夏之交夜雨甚多，年日照平均数为1000~1400小时，是全国日照较少的地区，年平均相对湿度80%左右，适宜多种农作物生长。同时，立体气候明显，海拔较高的山区气候凉爽，适合发展高山蔬菜、特色水果等；低海拔地区气温较高，利于柑橘、龙眼等亚热带水果的种植。

境内江河密布，长江干流自西向东横贯全境，还有嘉陵江、乌江等大小支流，流域面积在30平方千米以上的河流有449条，河流大部分为降水补给型，径流量受降雨分布不均的影响，夏季降雨较丰，径流量大，秋末至春季径流量小。水资源丰富，为农业灌溉提供了便利，有利于发展水稻种植以及淡水渔业等。

土壤种类多样，有黄壤、红壤、紫色土等。其中，紫色土富含矿物质，肥力较高，适合种植多种农作物；一些山区的黄壤、红壤则适合发展茶叶、中药材等产业。但由于地貌复杂、地表构成多样、地质条件和人类生产利用形式差异等，导致土壤种类多样化，全市土壤共有5个土纲，9个土类，17个亚类，40多个土属，100多个土种。按地貌构成，山地约占市域土地面积的75.8%，丘陵占18.2%，台地和平原分别仅占3.6%和2.4%。

生物资源丰富，为农业生产提供了多样的物种资源，有利于发展多种经营，除了常见的粮食作物、蔬菜、水果，还适合发展畜牧、水产养殖以及中药材种植等产业。

2023年，重庆全年粮食播种面积3038.9万亩，产量219.2亿斤，创近15年新高。全市生态特色产业综合产值达5200亿元，同比增长5.2%。蔬菜产量突破2200万吨，农产品供应充足。主要粮食作物有水稻、玉米、小麦、马铃薯等。其中，春马铃薯是主要的夏粮作物，2024年播种面积398万亩，同比增长0.4%。经济作物中蔬菜品种丰富，产量较高，2023年蔬菜产量突破2200万吨，保障了市民的"菜篮子"。此外，还有油菜、柑橘等经济作物。油菜播种面积、产量、单产均实现"十六连增"，2023年，三峡柑橘忠县鲜果集散处理基地正式投产，推动柑橘产业发展。

2024年，全市生猪出栏1822万头，能繁母猪保有量101.2万头，连续12个月处于绿色合理区间。牛羊产业，在2024年前三季度，受价格下跌影响，牛羊存栏量、出栏量有所下降，但9月份后价格逐步回升。长期来看，牛羊肉消费需求增长、价格总体向好的态势不变。家禽方面，2024年前三季度家禽行业出现低迷现象，但生产积极性较高，预计后期市场供应充足。预计到2025年，全市生猪、肉牛、肉羊、家禽出栏分别达到1800万头、60万头、500万只、3亿只，肉类、禽蛋、奶总产量分别达到180万吨、50万吨、5万吨，畜牧业产值达到1000亿元；畜禽粪污综合利用率达到80%以上。

二、产业发展现状

（一）概况

"十三五"期间，重庆市把杂交构树扶贫工程作为落实精准扶贫工程、培育产业新增长点、提升产业扶贫实效、巩固脱贫攻坚成果的重要举措，因地制宜在试点探索、模式打造、利益联结、产销对接方面开展了系列工作，取得了一定的成绩。同时，坚持结合脱贫攻坚，因地制宜扩大试点范围；搞好规划布局，把杂交构树产业纳入项目库，稳步推进；抓好"最后一公里"的产业转化，做好技术服务保障；加强总结宣传，积极做好产业推广，拓展市场，不断巩固生态效益、扶贫效益、经济效益"三效"成果，促进杂交构树产业在重庆持续稳步发展。

1. 精准布局，推进杂交构树扶贫"面、线、点"深入试点

自2016年启动杂交构树扶贫产业试点以来，重庆市扶贫办结合实际出台了《关于开展构树扶贫工作试点的通知》和《关于加快推进构树扶贫工程的通知》相关文件，精准布局开展试点。一是以打造杂交构树扶贫产业大县为抓手，面上辐射带动更多区县试点。当时，全市推动打造丰都县和巫溪县两个杂交构树扶贫产业大县，带动10个区县发展了杂交构树扶贫产业，种植面积9600余亩。二是围绕基地打造，串起区域试点线。全市有规模的组培苗基地1个、炼苗基地3个，分布在綦江区、云阳县和巫溪县。云阳县、巫溪县的基地辐射服务渝东北长江沿线试点区县，綦江区的基地辐射服务渝西周边试点区县，以基地提供种苗、传授技术，通过两条区域试点线联结了全市杂交构树扶贫产业的发展"动脉"。三是依托市场主体，多点开花多方试点。杂交构树扶贫产业的持续健康发展，必须尊重市场规律，以市场主体为依托，积极引导各类农业企业和新型经营主体参与杂交构树产业，引进龙头企业投资发展杂交构树产业，鼓励各类养殖企业、加工企业、专业合作社、家庭农场、经营大户等市场主体参与杂交构树扶贫工程，并积极把市场主体负责人培育成创业致富带头人，带领周边贫困户发展产业脱贫致富。当时，全市参与杂交构树扶贫产业的市场主体44家：其中企业12家、专业合作社16家、家庭农场2家、经营大户14家。

2. 精准推进，探索构树扶贫"小、全、实"山地模式

重庆市地貌以丘陵、山地为主，坡地面积占70%，有"山城"之称。特别是本市贫困县大多处于秦巴山和武陵山集中连片特困地区，耕地破碎、土壤贫瘠，不适合大规模集中式发展农业，必须走山地特色高效农业的路子。在推进杂交构树扶贫产业的过程中，精准把握市情地貌，探索发展构树扶贫山地模式。一是坚持小规模组团式发展。充分发挥山地农业产业具有多品种、小规模的特点，制定了组团式发展方式，每个组团种植发展数百亩，对应各组团配套养殖加工业承接杂交构树产品，让杂交构树扶贫产业适度规模发展，适应山地特色高效农业发展需要，确保杂交构树扶贫产业在山地"站住脚"、可持续、有效益。二是打造杂交构树全产业链。对市场主体项目发展杂交构树产业进行科学规划，编制项目实施方案明确项目建设内容和时序，打造以杂交构树"育、种、加、养、销"（即"杂交构树种苗繁育+种植+构树饲料加工+猪牛羊养殖+相关产品营销"）一体化绿色产业链，形成杂交构树产业的循环稳定发展。同时，牢固树立绿水青山就是金山银山的理念，推动实现产业生态化、生态产业化，把退耕还林、荒山造林、林下经济等与杂交构树结合起来统筹发展，既有效保护生态环境扩大贫困地区的植被面积，又保证贫困地区经济建设可持续发展。三是做实与贫困户的利益联结机制。始终坚持把增强带贫益贫效果作为发展杂交构树扶贫产业的出发点和落脚点，引导市场主体通过带动发展、吸纳就业、土地流转等多种方式，完善与贫困户的利益联结机制。据统计，杂交构树产业带动贫困户1765人，人均年增收2100余元。如荣昌区荣城构羊现代农业（重庆）有限公司，流转1300亩土地涉及贫困户50余户，每户贫困户每年通过土地流转增加收入近400元；直接带动10余户贫困户在公司就业，每年增加收入约2万元；企业常年为建卡贫困户和周边农户开启用工就业绿色通道，近两年来，累计用工1000余人次，带动周边群众增收数千元。新冠疫情防控期间，支持鼓励有劳动能力和发展意愿的贫困户，发展杂交构树产业庭院经济"生产自救"，种几亩杂交构树、配套喂养几头牲畜，将杂交构树作为饲料，降低养殖成本，提升产品附加值，实现稳定增收。

3. 精细扶持，提升杂交构树"产、塑、销"综合效益

衡量杂交构树产业成效，要综合考虑生态效益、扶贫效益、经济效益，必须增加杂交构树产品的附加值，凸显杂交构树产品的品质优势，打开市场渠道，打造品牌产品，实现杂交构树产业的可持续发展。一是狠抓产业培育。在制定《重庆"十三五"扶贫产业发展规划》时，把杂交构树产业纳入发展规划，进入项目库。由市扶贫办全面掌握情况，分类精细指导，推动产业均衡发展。在资金切块时，向开展杂交构树扶贫试点的区县每年倾斜500万元；在对区县党委、政府的脱贫攻坚绩效考核评分时，将构树扶贫作为产业扶贫的加分项。同时在疫情防控期间，重点关注杂交构树市场主体的运营情况，指导区县帮助解决防疫、复工、销售等问题。各区县也制定相应措施，扶持杂交构树产业发展。如丰都县将杂交构树产业列入全县主导产业体系，出台了《丰都县构树产业奖励扶持办法（试行）》，围绕种植、加工、饲养、机械、销售等"全产业链"进行"全方位"奖励补助。二是狠抓品牌塑造。强化杂交构树扶贫产品品牌建设，提高杂交构树扶贫产品质量和市场竞争力。如云阳县重庆东水蓝农业开发有限公司定位"特色精品养殖、个性高端品质"的绿色生态产品路线，积极打造

"东水蓝"构树猪肉品牌，目前公司销售黑猪肉在云阳县域内已具有较好的声誉，销售价格比普通猪肉高出6~8元，同样饲养一头猪，杂交构树猪比普通猪的附加值将提升1000元左右，贫困群众通过品牌效应取得了实实在在的收入。如荣昌区重庆友邻康生物科技有限公司以杂交构树生物发酵为突破口，上游链接种植户，订单回收杂交构树嫩茎叶，粉碎加工饲料，下游链接养殖户，为养殖户提供全价饲料，委托代养生猪、蛋鸡等，并建立畜产品直销店，销售自营品牌"友邻康"，饲料售价3000~6000元/吨，构香猪肉比普通猪肉价格高1倍，构香鸡蛋每枚2元，以优良品质赢得了市场。三是狠抓产销对接。好产品需要好销路才能收获好效益。把杂交构树扶贫产业产品与消费扶贫工作深度融合，一方面，积极鼓励相关市场主体将杂交构树产品按程序认定为扶贫产品；另一方面，全力推荐杂交构树扶贫产品融入全市"三专一平台""水陆空"消费扶贫格局，特别是在消费扶贫月中作为重点扶贫产品面向社会推介，让杂交构树产品更加广泛地被社会知晓、接受、喜爱。

（二）代表企业——重庆东水蓝农业开发有限公司

1. 公司基本情况

重庆东水蓝农业开发有限公司成立于2017年，注册资金1500万元，位于重庆市云阳县，生产基地建于山区坡地上。公司致力于促进杂交构树循环经济与生态环境的可持续性发展，打造生态安全的食材山地农业模式与以"种"为基础、以"养"为重点、以"加"为根本、以"销"为出路的产业闭环型企业。

公司现有炼苗大棚9个占地3000平方米，种植杂交构树300亩，青贮加工与饲料生产车间240平方米，猪舍面积6000平方米、养殖规模达4500头，鱼塘3800立方米，仓库150平方米，沼气池2个占地700立方米，在云阳县城和北京设有销售店等。公司以养殖黑猪为主，形成炼苗、种植、饲料加工、养殖、销售全产业链，构建了"种养结合、生态循环"产业发展模式。

2. 公司发展情况

2024年，生产杂交构树鲜绿料1200吨，青贮发酵料900吨，全价猪饲料900吨，养殖生猪910头，比往年有大幅缩减。目前，公司生产和销售的品种有：

冰鲜猪肉、烤肠、腊肠、午餐肉、包子（生鲜），猪八件（猪头肉、猪肝、猪肚、猪蹄等熟食）。销售渠道：国（央）企食堂、会所、保险公司、会员推广、京东、抖音等，主要为线上线下相结合的销售模式，主要在北京、云阳等地销售。2023年4月，惠买集体在北京由主播静静为公司主持"优质黑猪肉专场"，现场准备的杂交构树黑猪肉很快销售一空，平均售价每千克90多元。2023年11月，《中国食品安全报》"食安中国·放心餐桌计划"小产区食品探秘摄制组到公司种养殖基地拍摄，并制作视频节目进行报道，公司"东水蓝"产品品牌得到很好的宣传。经多地多次权威部门品质检测表明，杂交构树猪肉18种氨基酸是市面上普通猪肉的2倍以上，特别有益于人体健康。其中，杂交构树种植、杂交构树生猪养殖和杂交构树猪肉分别获得专业机构有机产品认证。

该公司以土地流转、吸纳用工、产业带动等多种形式，辐射带动207户农户增收，户均增收4000余元，提供就业岗位72个，支付工人工资80多万元，形成"公司+基地+合作社+农户"的模式，向周边贫困农户提供种苗来扩展杂交构树种植面积，提供原种母猪、仔猪和饲料来扩大养殖规模。同时，对贫困户实行"两送两收一免"帮扶政策，"两送"就是送优质杂交构树苗和优良猪种，"两收"就是按协议价回收树和肥猪，"一免"就是免费培训种养人员并进行技术指导。这样消除农民种植构树的后顾之忧，为杂交构树产业的持续发展创造良好的条件。

三、产区优势

重庆市生态农牧业具有得天独厚的条件，通过自然禀赋、科技赋能与产业协同，形成了"立体农业+特色养殖+品牌市场"的复合优势，成为西南地区重要的农产品供给与加工基地，有利于发展杂交构树种养循环产业。

1. 自然生态优势

立体气候适配性强：地处亚热带季风气候区，气候温暖湿润，水热条件充足（年均温16～18℃，年降水量1000～1350毫米），且海拔差异大（168～2796米），从低山到高山形成"垂直气候带"，适合杂交构树多元化模式种植。同时为生猪、牛羊等畜禽提供多样化养殖环境。

水资源与土壤条件优越：长江、嘉陵江等江河贯穿，灌溉水源充足，紫色土占比高（富含钾、磷等矿物质），肥力较好，适合构树生长，也为养殖业提供足量、优质的水资源，以及水产淡水渔业基础。而且重庆有大量的荒山荒坡、撂荒地、缓坡浅丘等闲置土地。杂交构树具有耐干旱、耐盐碱、耐贫瘠的特点，能在这些土地上生长良好，不与粮食作物争地，可有效利用土地资源，提高土地利用率。

2. 市场需求强劲

消费区位优势。消费市场需求旺盛，本地人口超过3000万人，且处于成渝地区双城经济圈核心，餐饮、加工等需求拉动明显，蔬菜、肉类等农产品自给率高，同时为特色农牧产品（如火锅食材、腌腊制品等）提供广阔市场。重庆市作为长江经济带核心城市，依托长江航运、铁路、公路网络，农产品可快速辐射川渝、云贵等西南市场，同时通过中欧班列、西部陆海新通道拓宽外销渠道，生猪、柑橘等产品流通效率高。

养殖饲料需求。重庆市是畜禽养殖大市，生猪出栏量常年稳定在1800万头以上，对饲料的需求量大。豆粕是主流蛋白原料，随着养殖业发展，其使用量逐年增加。虽然近年来通过实施饲用豆粕减量替代行动，豆粕用量占比有所下降，但在全国大豆进口存在不确定性的大背景下，重庆市依赖外部供应的豆粕原料也面临不稳定因素，存在潜在缺口风险。玉米是重要的能量饲料来源，重庆市玉米供应存在显著缺口。数据显示，2023年全市玉米年种植面积为660万亩，总产量为260万吨，供应缺口高达1/3。缺口主要源于良种缺乏，以及配套栽培、农艺农机、加工利用技术存在诸多短板。重庆肉牛养殖面临粗饲料缺口大的问题，且从外省购买水稻秸秆或小麦秸秆成本偏高。2024年，全市水稻秸秆饲料化利用率仅为8.44%，若能提高水稻秸秆饲料化利用率，可在一定程度上缓解粗饲料缺口压力，但目前大部分区县仍面临"有秆难收、有收难储、有储难运"等问题。

杂交构树富含蛋白质、氨基酸和微量元素等营养成分，是优质的畜禽饲料。发展杂交构树产业，能够为当地的生猪、肉牛、家禽等养殖业提供丰富的饲料来源，满足市场对优质饲料的需求，降低养殖成本，提高养殖效益。

3. 产业发展有基础

重庆市部分地区已经在杂交构树产业发展方面取得了一定成效，如重庆东水蓝农业开发有限公司在云阳县打造了杂交构树循环经济与扶贫产业可持续性发展示范基地，探索出了"育、植、养、加、销"一体化绿色产业链模式。这些先行企业和示范基地为全市杂交构树产业的进一步发展提供了宝贵的经验和借鉴，有利于产业的推广和壮大。

4. 政策科技赋能优势

产业政策支持体系完善，实施生猪调出大县奖励、产业集群培育等政策，2024年为养殖主体协调贷款超2900万元，创建3个全国农业现代化示范区，推动"3+6+X"产业集群发展。生态与产业融合，依托山区林地资源，发展林下养殖、生态种植，畜禽粪污综合利用率达80%以上，实现农牧业绿色可持续发展。

"十三五"期间，重庆市多个区县出台了相关扶持政策。例如，丰都县将构树产业列入全县"1+6+X"主导产业体系，出台了《丰都县构树产业奖励扶持办法（试行）》，围绕种植、加工、饲养、机械、销售等"全产业链"进行"全方位"奖励补助。巫溪县也印发了《关于大力推进构树扶贫工程的实施意见》等政策文件，整合财政涉农资金等，在种苗栽植、基地管护等方面给予全面扶持。

农业科技支撑有力，重庆市畜牧科学院、西南大学等科研机构实力较强，与国内相关单位开展广泛合作，在杂交构树的种植技术、饲料研发等方面进行了深入研究。例如，成功研发出"构树+玉米秸秆"混合发酵饲料，解决了构树饲料的加工储存难题。同时，重庆市的职业教育发达，如荣昌区职业教育中心等院校培养了大量畜牧兽医等相关专业人才，为杂交构树产业的发展提供了技术和人才保障。

四、存在问题

1. 土地政策制约

因重庆市处于大山区大库区,土地资源较少,所有90%的耕地均属于基本农田,可用于种植构树的土地较少,只能结合新增的退耕还林政策推动构树扶贫产业,所以发展较慢。

2. 地理条件制约

山地形态,宜机化程度低,全靠人工作业,影响产业规模的扩大。

3. 劳动力条件制约

农村劳动力大量转移就业,发展构树产业缺乏劳动力,影响产业发展。

4. 资金投入制约

区域条件使杂交构树产业前期投入较大,产业主体发展积极性不高。

5. 技术门槛制约

种管技术有待提高。山区土地零碎,机械化操作程度低,缺乏专业人员进行产业发展全过程技术指导。

五、前景展望

从重庆市的情况看,杂交构树产业是值得推广的一项新兴产业。

1. 杂交构树产量高亩产收益好

每亩年可收割6吨左右鲜叶,按500元每吨计算,亩产收益可达到3000元。

2. 杂交构树产品品质好售价高

用杂交构树饲料养殖的畜产品,品质优良。如云阳县的构猪肉,与普通猪肉相比,价格增长约为20%,增加了收益。如荣昌区的构树鸡蛋,售价可达3元/枚,口感好,深受市民喜爱。

3. 投资效益高生态扶贫效果好

全市构树产业涉及财政补助资金481.4万元,平均每亩约为650元。通过在退耕还林土地和荒废土地上种植构树,既改善植被条件,又可增加农民收入。

第三节　四川产区

一、自然特征

四川省位于中国西南部，长江上游，东连重庆，南邻云南、贵州，西接西藏，北接青海、甘肃、陕西三省，总面积48.6万平方千米。地形地貌多样，以山地为主，平原、台地、丘陵、山地分别占全省行政区域面积的5.93%、3.52%、11.03%、79.52%。东部盆地及低山丘陵区地形相对平坦开阔，是四川省耕地的集中分布区，有利于发展大规模的种植业，如成都平原被誉为"天府粮仓"，是重要的水稻、小麦等粮食作物产区；盆周山区地势起伏较大，山地、丘陵相间，适合发展特色粮食种植和种养循环农业，如发展山地梯田水稻种植，以及利用山地草场发展牛羊养殖等。西部高山高原区海拔较高，地势高亢，以川西北高原为代表，是四川最大的牧业基地，适合牦牛、绵羊等牲畜的养殖。

气候类型丰富，东西区域差异大，垂直变化类型多，亚热带季风气候和高原山地气候并存，有利于农、林、牧综合发展。中亚热带湿润气候：主要分布在四川盆地，气候温暖湿润，四季分明，降水充沛，雨热同期，有利于农作物的生长发育。山地亚热带半湿润气候：在盆周山区较为典型，气候垂直变化明显，从山麓到山顶依次出现亚热带、温带、寒带等不同的气候类型，为多种农牧业生产提供了条件。高山高原高寒气候：分布在川西高原地区，气候寒冷，年温差小，日温差大，太阳辐射强烈，光能资源丰富。

境内主要河流有长江、金沙江、沱江、岷江、雅砻江、安宁河、大渡河、黄河等，河网纵横交错，利于农业灌溉。水资源总量较为丰富，为工农业生产和居民生活提供了丰富的水资源。但时空分布不均，形成区域性缺水和季节性缺水，洪旱灾害时有发生。

土壤类型多样，紫色土：主要分布于四川盆地内海拔800米以下的低山和丘陵，富含钙、磷、钾等矿物质，土壤肥沃，是重要的农业土壤，适合种植多种农作物。黄壤和红壤等：在盆周山区和川西山地广泛分布，土层深厚，肥力较高，适合发展林业和一些经济作物种植。

四川省是畜牧业大省，以生猪、牛、羊、兔为代表的畜牧产业总产值已突破7300亿元，是农业产业中产值最大的领域。生猪：四川省是全国生猪出栏量第一大省，2024年生猪出栏6149.6万头。生猪产值在全省畜牧总产值中占比近半。年出栏500头以上的规模化养殖场比例超过60%，规模化养猪场、家庭农场达1.9万家。牛：有川南山地黄牛等品种，在盆周山区重点建设优质肉牛羊主产区，在川西北高寒牧区建设牦牛特色畜产品生产基地。羊：在盆周山区建有优质肉羊主产区，川西北高寒牧区、攀西地区分别是牦牛、藏绵羊和建昌黑山羊、凉山半细毛羊特色畜产品生产基地。兔：肉兔产业集群发展良好，全省肉兔产业年产值已突破250亿元，稳居全国首位。家禽：川中丘陵地区是优质蛋禽主产区，蛋禽养殖持续开展标准化建设。

二、产业发展现状

四川省杂交构树产业有组织的发展，始于脱贫攻坚期间，作为精准扶贫工程之一的杂交构树产业扶贫工程的首批试点省，按照"中央统筹、省负总责、市县抓落实"的工作机制，通过部门协作、市级示范，打造杂交构树扶贫产业示范园方式，实现"构—饲—畜"一体化循环发展。"十四五"期间，以龙头企业带动基层政府参与，合力打造村集体经济发展模式，推动杂交构树产业的发展，取得良好成效。

（一）概况

四川省位于我国西南腹地，全省地貌特征以山地为主，山地占全省面积的74.2%，杂交构树能够有效集约利用山区的土地资源，提高土地产出效益。同时，四川全省气候终年温暖湿润，也适宜构树生长，杂交构树收割次数每年多达5次。

"十三五"期间，四川省立足区域资源禀赋优势，确定将杂交构树扶贫产业作为全省脱贫攻坚的一个重要扶贫方式，进行积极推广和试点。按照部门

（三）典型案例"公司—合作社—集体经济"

四川省安岳县林凤镇育才村属于浅丘地貌，面积4.9平方千米，辖10个社、869户农户2400余人。一直以来，村里以传统的柠檬、水稻、玉米等种植为主，存在产业结构单一、农业专业人才匮乏、抗风险能力差等问题，加上青壮年大多外出务工，村落发展遇到瓶颈。

专业合作社有800多户农户，农户以自有承包土地或现金参股，集体经济组织以项目资金参股。

1. 龙头企业

2021年，在重庆工作的家乡人樊开德返乡引进杂交构树产业，在村里组建四川构安香农业科技发展有限公司，公司参股控股多家专业合作社和集体经济组织，发展村集体经济、带农富农，巩固拓展脱贫攻坚成果，推动乡村产业化振兴。企业以发展壮大集体经济为主导，扶持脱贫户以土地或现金入股，普通村民每股1万元，脱贫户100元/股，低保户200元/股。土地入股：坡地每年每亩折资300元，坝地每年每亩折资600元，"安岳县林凤镇育才村股份经济合作社"在整个产业公司中占股5%，收入归村集体经济；社会合作方占20%，代表技术研发，用于产业发展及技术研发；社会资本方（四川朗布克）占股65%，村民土地入股和后勤村民入股（即普通股）占总股份的10%。上级支持村集体经济发展的款项记于村集体经济名下账户。同时，成立"安岳县构香香猪养殖专业合作社"，将种植杂交构树与养殖分开，独立核算。

企业充分利用荒坡、荒地、房前屋后、低效林地栽种，既解决了用地问题，又发挥了这些地块的价值，先后种植杂交构树1500亩，年产青贮饲料7500吨，加工配制饲料养殖生猪和肉牛，分别出栏猪3000多头、牛1000头，产值3000多万元，带动农户800多户，解决农民务工700多人次，脱贫户389户，给每户农户年增加两万元收益。

2. 联动模式

为发展村集体经济，培育乡村特色产业，探索乡村振兴新路径，2021年育才村利用县级财政支持的产业资金50万元，加上合作社股东投资的20余万元，与四川构安香农业科技发展有限公司共同成立股份经济合作社、构香香猪养殖专业合作社，首次引进杂交构树种植，用于发展村里的集体经济。通过探索"以种促养，以养带种，种养结合"模式，形成了集杂交构树种植、构树饲料加工和畜禽养殖于一体的循环农业发展格局。

该村构香香猪养殖专业合作社法人代表梅中伟介绍，当年合作社采取"统一流转土地、统一购苗、统一栽植、统一管理经营"模式，投资190余万元种植杂交构树300亩。2022年合作社投资200万元建牛场、猪场等，养殖西门塔尔牛56头，收入150万元左右；养殖三元杂交香猪200多头，收入在200万元左右。

2023年，构香香猪养殖专业合作社第一批出栏的牛、猪销售额达到130余万元，集体经济总收益达10万元，按照合同约定的内容，75%按照村民投资（土地入股）进行分配，20%用于村集体经济产业发展，5%成立公益基金用于公益事业。同时，合作社还为村民就近务工提供机会，增加收入。

林凤镇党委书记秦云华介绍："该村从发展杂交构树产业以来，始终坚持党建引领产业发展，通过采取'集体经济+农户+公司'的合作共赢模式，实现了集体经济从无到有、从有到优的蝶变。下一步，林凤镇将紧紧围绕安岳县'六线七园'建设总体布局，不断壮大杂交构树产业，为着力打造'天府粮仓'东部核心区贡献林凤力量。"

三、产区优势

四川省凭借自然条件、市场需求、政策技术及生态价值的多重优势，发展杂交构树产业既能缓解饲料缺口、推动畜牧业升级，又能兼顾生态保护与经济发展，具备显著的可行性与发展潜力。

1. 自然条件适宜，种养基础好

气候与地理优势：四川省气候湿润、雨热同期，大部分地区年均气温15~22℃，年降水量800~1200毫米。东部四川盆地属亚热带季风气候，冬暖春早、雨量充沛，川西南山地光热充足，如攀枝花年均气温20℃以上，适合杂交构树快速生长。其盆地、山地等地形多样，非耕地（如荒山、荒坡）面积广阔，可利用土地资源丰富，不与粮食作物争地。四川虽以山地为主（占79.52%），但盆地内有成都平原等平原区（占5.93%），特别是丘陵区（占11.03%）有巨大发展空间。

生长特性匹配：四川东部盆地气候湿润，适合生猪、家禽等规模化养殖；西部川西北高原属高寒气候，是牦牛、藏绵羊等特色畜种的天然牧场；盆周山区（如秦巴山区、大凉山）草山草坡丰富，适合发展肉羊、肉牛养殖，地形气候的多样性支撑了"牧区繁育、农区育肥"的立体养殖模式。杂交构树耐旱、耐贫瘠、适应性强，四川盆地广泛分布紫色土，富含钙、磷、钾等矿物质，肥力较高；盆周山区和川西山地有红壤、黄壤等，杂交构树均可生长，且一年种植可多年收割，亩产鲜叶可达5~8吨，适合规模化种植。

2. 畜牧业需求大，市场空间广阔

区域流通优势：四川省地处西南腹地，毗邻重庆、云南、西藏等省（区、市），省内人口超8300万，农副产品消费市场庞大；同时，通过长江经济带、成渝地区双城经济圈和西部陆海新通道等物流网络，蔬菜、水果、畜产品可快速运往东部沿海华南、华东地区，甚至出口东南亚，区位交通便利。

饲料缺口紧迫：四川省是畜牧业大省，畜禽养殖规模大，饲料存在较大缺口。生猪出栏量连续多年居全国第一，2024年出栏6149.6万头；肉兔产值居全国首位，年产值超250亿元。据相关报道，四川省草业技术研究推广中心发布的《四川省2023年饲草生产形势与产业发展报告》显示，全省每年存在1000万吨饲草缺口。全省牛、羊存栏量分别位居全国第一和第五，2023年，全省牛总存栏848.5万头、羊总存栏1382万只，对饲草的需求量巨大。但四川省草种自给不足、草地生产力下降、经营主体尚在起步，制约了饲草产业发展，导致饲草供给长期依赖川西北的天然草场，然而川西高原的天然草场面临着快速退化的困境。此外，据测算，全省牛羊年需粗饲料4400余万吨，仅秸秆饲料缺口就高达1500余万吨，每年需从省外购入秸秆饲料420余万吨。在青贮饲料方面，扣除甘孜、阿坝两州外，四川年需青贮饲料3970万吨，而各地产量总共约70万吨，仅占需求总量的1.8%。

据全国人大代表、四川农业大学校长吴德表示，我国畜禽肉（蛋）产能稳定在1.2亿吨时，蛋白质饲料资源需求量将达到5400万吨，而这些蛋白质饲料资源又主要来自大豆，可见包括四川省在内，全国对大豆等优质蛋白饲料原料的需求巨大。另外，从四川省饲料工业的发展来看，近10年间饲料产量从700万吨增加到1860万吨，对蛋白饲料原料的需求也在不断增长。一方面，四川省非常规饲料资源丰富，如菜籽粕、棉籽粕等杂粕，玉米和小麦等谷物加工副产物，但实际饲用率不足20%，开发空间大；另一方面，随着近年来四川省通过实施一些项目和行动，如"川猪精准营养与非粮型营养源创制"项目、饲用豆粕减量替代三年行动等，在一定程度上缓解了蛋白质饲料原料的需求压力，但仍未完全解决缺口问题。

替代成本优势：杂交构树粗蛋白含量达20%以上，氨基酸、维生素等营养均衡，作为非粮优质青饲料或加工成高蛋白饲料原料，相比传统豆粕等原料，种植成本低、产量高，加工成饲料后价格更具竞争力，能降低养殖企业成本，直接缓解本地饲料短缺问题。

3. 政策与技术支持

国家层面政策在四川省的实施，允许在一般耕地种植杂交构树，原则上不得占用永久基本农田。对于贫困地区，因构树扶贫产业规模发展需要扩大种植面积涉及占用永久基本农田的，应避让优质耕地，按照"数量不减、质量不降、布局稳定"的要求在县域范围内补划。同时，四川省近年来重视非粮饲料开发，出台如"饲用豆粕减量替代行动""草牧业发展规划"等政策，将杂交构树纳入非常规饲料资源开发重点，在种植补贴、加工项目扶持等方面给予支持。

科研与产业协同，加大科技创新与技术研发，依托科研单位和高校，加强对杂交构树育苗、绿色丰产栽培、低成本规模化采收加工、青贮及饲用等关键技术研发，完善技术标准，推广饲料化利用技术和模式，开展高效综合利用示范，建立产业化基地，部分地区已形成"种植—加工—养殖"一体化产业链试点，如南充、资阳、达州等地的杂交构树饲料加工企业，带动产业规模化发展。

在脱贫攻坚期间，遂宁市被纳入省级唯一的构树扶贫工程试点市，当地计划建设杂交构树扶贫产业园，争取国家、省财政资金2000万元。这体现了四川省对试点地区在产业园区建设方面的资金支持意向，以推动杂交构树产业与扶贫工作相结合。同时，鼓励多种经营模式，采取"公司+基地+农户"股权经营模式，公司负责基地建设、栽培管理及技术服务，提供生产物资，实行"保底收益+股权分红"，确保贫困户基本收益。这种模式得到地方政府的认可和推广，通过政策引导鼓励企业与农户合作，带动杂交构树产业发展。

4. 产业效益显著，契合可持续发展需求

经济效益。杂交构树嫩茎叶作饲料，蛋白含量高、微量元素高，有多种天然的植物抗生素，不含激素、农药，是无公害的绿色饲料，猪、牛、羊、禽等食用后，生长快，肉质好。初步统计，杂交构树种植丰产后亩产量达6吨以上，产值2400元以上，深加工成杂交构树饲料，可用于家禽养殖，投资回报周期较短，具有较大的经济效益。产业链延伸潜力大，除饲料用途外，杂交构树韧皮部可用于造纸，木质部可加工成板材，叶片还可提取天然色素、药物成分等，具备"一树多用"的特性。四川在农产品加工、造纸等产业领域有一定基础，可依托构树开发高附加值产品，拓展产业链条，提升综合效益。

社会效益。杂交构树种植通过土地流转、农户入股等方式，增加贫困户土地租金收入和入股分红收入，同时吸纳贫困劳动力在杂交构树产业基地务工，增加贫困户务工收入，带动贫困群众增收致富，具有较好的扶贫效益。

生态效益。杂交构树根系发达，大面积种植杂交构树，对绿化荒山、加固堤防、治理水土流失、改善生态环境等都起到积极的作用。杂交构树易成活、好管理、生长快、抗病虫害能力强，是植树造林的好树种，符合四川长江上游生态屏障建设需求。杂交构树循环经济模式，饲料养殖后的畜禽粪便可还田用于杂交构树种植，形成"种植—养殖—有机肥"的生态循环，符合农业绿色发展方向。

用地情况。在调查的种植杂交构树的1.7万亩土地中，占用耕地7750亩，其中占用永久基本农田2600亩。严格落实耕地保护的各项要求，在贫困地区种植杂交构树原则上不得占用基本农田,在贫困地区以外种植杂交构树原则上不得占用耕地、严禁占用基本农田,定期做好耕地质量检测和保护。从评估来看,杂交构树种植未影响耕地质量。

四、存在问题

(一)存在问题

在推进杂交构树产业发展中,仍然遇到一些困难和问题,一定程度上阻碍了杂交构树产业的发展,突出的问题主要有:

一是群众没有种植杂交构树和养殖家畜的习惯,群众种植积极性不高,杂交构树推广有难度。

二是试点区域立地条件差,发展杂交构树产业的成本较高,后续管护跟不上,杂交构树种植效益受到影响。

三是发展杂交构树产业缺乏实实在在的支持政策,当地政府资金投入有限。

(二)意见建议

四川省在构树产业发展过程中,整合不同部门和区域资源优势、利用市级推广试点带动、打造"构—饲—畜"一体化循环模式,对推动杂交构树产业的区域规模化发展具有很强的示范推广价值。

1. 部门合力,多种政策措施助力杂交构树产业做大做强

省级政府在推广杂交构树产业发展过程中,可以通过由不同产业部门组建构树产业扶贫领导小组的方式共同推进构树产业发展。一是将构树产业纳入本地扶贫特色产业规划,建立构树产业示范园区进行规模化发展。二是从扶贫资金中安排专门经费,统筹解决基础设施建设、构树苗木补助、加工车间建设和销售补贴等。三是通过协调发改、财政、林业、金融、保险等产业部门单位力量,对发展主体给予政策扶持及资金支持。

2. 市级试点,打造全区域构树产业发展模式

市级政府可以成为推动市域范围全区域构树产业发展的核心力量。一是

把构树扶贫作为全市产业扶贫的重要补充，以产业园提升价值链，以收益分红促进可持续发展，以政策保障增强产业稳定性，推动贫困群众与构树产业的利益联结和共享机制。二是将构树产业与林业等产业有机结合，共同推动构树产业发展，形成产业部门共同推进构树产业链的综合协调机制。

3. 突出"林—饲—畜"一体化科学发展的思路

通过打造杂交构树产业园的规模化发展模式，采用以"构树生态种植基地→绿色饲料加工→畜禽养殖→废弃物处理→有机还田（构树基地）"为主线的种养一体化生态循环发展思路，能够提升资源整合能力和专业度，实现全产业链贯通、联动。"林—饲—畜"一体化发展思路符合循环农业、生态农业的发展要求，具有非常现实的可行性和可推广性。

五、前景展望

四川省在发展构树产业过程中，形成了自己独具特色的发展思路和模式，为其他地区推广和做大构树扶贫产业提供了可参考、可借鉴的经验模式。作为杂交构树产业的全区域推动发展模式，山地型特征区域推广全域构树产业面临基础设施投入大、机械化程度低、人力成本高等困境，对规模化发展构树产业具有一定的制约作用。因此，需要进一步强化基础保障：一是加大基础设施投入力度，通过政府投资、财政补贴等形式提高产业的基础设施保障水平，提升产业发展主体的积极性；二是加快研制小型化构树专业收割器械，提升山区构树产业的机械化水平，节约时间和人力成本。

1. 做好规划种植

动员有发展构树产业积极性的市县，科学规划一批"十四五"构树产业扶贫项目，在土地租赁、整理、栽植等方面加大政策补助力度。加强构树种植后期管理，提高产前、产中、产后服务水平，在技术指导、市场开拓等方面予以支持，达到增值扩面、示范带动的目的。

2. 加快产业链建设

持续加大对构树产业企业在财政、金融、税收、物流、销售等方面的扶持力度,大力引进企业建立构树产业深加工项目,创建构树产业品牌,用好"四川扶贫"公益品牌,让构树产品走向市场,形成产、供、销一条龙。

3. 健全带贫益贫模式

继续推行"以种促养、以养带种、种养结合、加工利用"发展模式,鼓励农户以土地入股,企业、合作社等新型经营主体提供种苗、肥料和技术服务,共同建设产业基地,建立健全利益联结机制,带动群众持续增收。

第四章

杂交构树产业发展
重点企业

杂交构树全产业链涉及繁、种、饲、牧、机、销等多个环节，从种苗端、种植端、饲料端、养殖端到销售端可形成庞大的产业集群。在脱贫攻坚期间，参与杂交构树产业的企业和合作社多达600多家。2020年之后，因新冠疫情，加之耕地保护红线和生猪养殖周期，杂交构树从业企业和合作社迅速减少，目前还有约100家企业。从经营模式看，已经初步探索出以下几种产业形式：一是杂交构树"组培—炼苗—育苗—苗木销售"单一苗木生产经营模式；二是杂交构树"采收—饲料加工—饲料销售"单一饲料加工经营模式；三是杂交构树"畜禽水产养殖—畜禽水产品加工—畜禽水产品销售"单一畜禽水产养殖经营模式；四是杂交构树"组培育苗—种植—采收—饲料加工—饲料销售"苗木生产、种植与饲料加工"三位一体"经营模式；五是杂交构树"组培育苗—种植—采收—饲料加工—畜禽水产养殖—畜禽水产品加工—畜禽水产品销售—有机肥还田再利用"一条龙全产业链模式。尽管这些经营模式都还属初创阶段，但对于进一步推动杂交构树生态农牧业大发展仍具有一定的参考和借鉴意义。本章节选择产业链上各环节的代表性企业进行介绍。

第一节　中科创构（北京）科技有限公司

一、公司基本情况

中科创构（北京）科技有限公司（以下简称"中科创构"）主要负责杂交构树产业技术研发及推广。主要涉及杂交构树组培苗的繁育和管理；搭建研发平台，联合国内科研单位开展新品种、新技术、新工艺攻关；组织推动全产业链相关技术标准的制定等。中科创构长期致力于推动杂交构树全产业健康发展，坚守杂交构树种养一体化、杂交构树高蛋白饲料原料产业化种植与大规模市场化应用、杂交构树"替抗"饲料原料产业化种植与大规模市场化应用等大战略目标不动摇的同时,也积极推进杂交构树多领域、多方向、多元化的市场应用。

二、公司发展情况

2024年,中科创构利用杂交构树天然具备的"保湿、美白、抗炎"等优势,积极探索"美妆"领域,推出以杂交构树提取物为特色原料的"静生"系列化妆品,在业内引发强烈反响。"静生植萃"玻尿酸钠盈润补水焕颜面膜具备三项中国发明专利,采用尖端技术萃取杂交构树天然有效靓肤成分,添加"二裂酵母"等国际一线知名品牌选用的美肤原料,结合"积雪草提取物""烟酰胺"等天然、高科技成分制作而成,堪称真材实料的国货精品!目前,"静生"系列产品已在京东"中科创构美妆护肤专营店"开售。

图4-1 "静生植萃"面膜

中科创构目前推出了种养一体化终端产品"构树家族"品牌牛羊肉。2024年9月自挺进电商领域以来,在京东开设"构树家族旗舰店",专营高品质牛羊肉。开店伊始便受到消费者的广泛认可。与此同时,"中科创构生鲜专营店"也在京东上线,除了经营高品质牛羊肉,还经营香肠、肉饼、丸子、鸡蛋等生鲜食品，将来还将陆续上架与杂交构树相关的猪肉、驴肉、鸡鸭鹅肉、鱼肉、小龙虾等生鲜食品。中科创构还计划在天猫、抖音、拼多多等电商平台陆续开设店铺，实现线上平台全覆盖。同时，线下与国内知名商超达成战略合作，近期即将签约正式合作。届时，消费者通过线上、线下都可以购买到中科创构甄选的优质农产品。消费者购买优质、绿色、美味、放心的杂交构树终端产品又多了一个更有保障的渠道！

目前面临的推广问题中，排在第一位的依然是土地问题。由于国家对耕地的严格管控，基本农田种植杂交构树已经没有可能性，一般农地种植杂交构树也不太具备可操作性。剩下的丘陵荒山等地进行种植，一是种植难度大，产量还普遍较低；二是大规模机械化应用难，人工成本又高。所以，大规模推广还是依赖国家政策的支撑，有了可靠的用地保障，才会有产业的大规模发展。第二个难题是缺乏政府部门的协同推动。众所周知，早在扶贫阶段，杂交构树在政策的推动下，在全国大规模推广，取得了令人瞩目的成绩。目前，在全国只有少数地区还有杂交构树种植补贴，政府部门对项目的推动力度如能进一步加大，相信杂交构树的发展还会有很大空间。

另外，在推广过程中公司发现还是有很多部门、机构以及个人对杂交构树的认识有限，甚至是完全不知晓。"酒香也怕巷子深"，当人们对优良事物缺乏基本认知时，任凭你再优秀也无法短时间内大规模进入消费者的视野。杂交构树有着与大豆媲美的蛋白含量，有天然"替抗"的优点，本身还有很好的"药食同源"优势，但一直以来它并未像其他农产品一样迅速被人们认知。其中有个重要原因，那就是杂交构树一直没有进入"食品目录"。因为这个缘故，"杂交构树茶""杂交构树酒""杂交构树饼干""杂交构树面条"等食品类相关产品就迟迟不能进入市场。食品行业从业门槛低，相较养殖等规模化行业更容易入手，也就更容易推广。另外，消费者通过构树食品等日常消费认识杂交构树是一种更快速有效的的方式。对杂交构树的天然优势，尤其是它的食用价值、药用价值、饲用价值等公司既有信心又有底气。公司坚信了解杂交构树的人多了，它的优势自然就会被广泛认知，推广起来的难度也就降低了。因而，推动杂交构树尽快进入"食品目录"应该说是当务之急！

第二节 贵州务川科华生物科技有限公司

一、公司基本情况

贵州务川科华生物科技有限公司（以下简称"贵州科华"）于2016年4月成立，注册资本2000万元，现有员工70人。贵州科华是一家专注于杂交构树全产业链研发及运营的企业，现已独立掌握杂交构树产业链相关专利80项，成功研发出以低成本养出高品质健康肉、美味肉、安全肉的产业核心价值途径。在产品质量水平、全产业链技术输出、科研技术创新、销售市场把控等领域均具有较强的核心竞争力。贵州科华主要产品包括杂交构树成品苗、生根苗、构树发酵菌、猪小白构树猪肉。贵州科华利用先进的植物组织培养技术培育优质种苗，目前种苗种植成活率达到90%，种苗市场占有率达到80%以上。贵州科华通过稳健发展，充分发挥自身育苗、种植、养殖优势，提高核心竞争力，为国人留下青山绿水，带来富裕健康。

贵州科华是国家高新技术企业，近年来先后被省市级主管部门授予"贵州省杂交构树工程技术研究中心""贵州省企业技术中心""贵州省专精特新企业""贵州省知识产权优势企业""贵州省科技型中小企业""遵义市农业产业化龙头企业""遵义市十佳科技创新平台""遵义市构树组培科普教育基地"等荣誉称号。

贵州科华董事长冉贤是民建全省优秀会员、贵州省第六批"百人领军人才""千人创新创业人才"，拥有贵州省高层次人才服务优才卡专家等身份。

产业规模行业领跑。贵州科华在杂交构树产业上联合政府累计投资达到3.5亿元人民币以上，已建成全国最大的杂交构树组培中心（中国南方杂交构树组培中心，投资5000万元人民币，占地30亩，可年产优质杂交构树组培苗3亿株）和全国唯一的杂交构树产业孵化园（务川杂交构树产业孵化园，投资1.2亿元，占地500亩，涵盖杂交构树"种、养、加"全产业链示范），是目前我国规模最大的杂交构树种养循环产业基地之一。

图4-2　务川杂交构树产业孵化园

科技研发持续创新。贵州科华与中国农业大学、北京林业大学、贵州大学、贵州省农科院等院所和高校开展"产学研"战略合作，申请及立项30余个国家级、省市级科技研发、人才团队等项目，项目全部通过验收。

产业推广因地制宜。贵州科华充分结合产业实施地自然资源与需求，积极推广杂交构树产业落地发展，目前在全国15个省、自治区、直辖市累计推广种植杂交构树10万亩以上。

截至2025年4月，务川杂交构树产业基地作为我国乡村振兴产业以及种养循环绿色产业基地，已接待全国300余县市考察团的参观及培训。目前，已在中国境内开展近50个合作项目的推进工作，已和印度尼西亚、塔吉克斯坦、沙特、刚果（金）等国家达成初步合作方案。贵州科华积极与资本市场对接，预计在香港上市。

二、公司发展情况

贵州科华历经9年的砥砺发展，在产业规划、商业模式、品牌打造及产业创新等领域具备突出的综合竞争力。

产业规划全球视野。一是坚持全产业链发展的顶层设计和资本化反哺产业壮大的核心战略，借助资本市场的溢价来保障产业链利润和农户的基本收益。二是坚定大农业、双循环、富乡村的发展方向，以县域园区、示范基地为建设重点，积极与当地特色优势产业融合升级。三是数字化农业拓展，利用AI为全产业链赋能，推动杂交构树养殖从"体力密集型"转向"智能无人化"；实现了将乡村农业从"生存保障"升级为"数据+能源+生物技术"的革命性变革。

截至目前，贵州科华旗下杂交构树产业正以整县推进模式快速落地，极大地满足乡村振兴的综合需求。未来三至五年，将推动50个县（市、区）发展杂交构树产业，种植规模达500万亩，促进养殖规模达2500万头。同时，贵州科华已与全国50个基地开展"五个统一"标准化合作，未来三至五年，将带动2万家养殖户，实现养猪4000万头。

产业强化提振内需。一是围绕农业强国规划、乡村振兴战略等，促进养殖业降本增效以抵御市场冲击；保障刚需肉、蛋、奶的安全供应，稳粮仓，托后方。二是夯实自身实力，积极与万亿级市场以及国内外投资对接，加速产业资本化进程。三是联合银行搭建供应链金融平台，解决好农户资金、技术、保险等问题，重点落实产业长期运营和增加农户收益。

产品销售双线循环。一是依托产业扎根乡村，用美味、健康肉制品、乡村旅游等吸引城市消费者品尝、体验，刺激下乡消费。二是创新整合乡村资源，利用亲子研学、旅游休闲等多种方式制成"产品矩阵"，以满足各年龄层消费者的需求。

产业生态开发定制。一是贵州科华已经形成杂交构树全产业闭环生产服务链，能为政府、饲料及养殖企业等快速解决产业、成本、品牌等难题。二是开发乡村原生态特色，结合产业定制文化、体育、艺术等消费IP。

产业体系重构发展。一是延续贵州科华精细化管控体系，优质种苗稳定供应国内外市场。二是产业平台化打造，整合贵州科华科创平台的科技创新动力，持续进行全产业链技术升级，引领行业发展。三是完善农村消费链接和数据资源，吸引人才回流、专项投资，让金融资金在乡村释放活力，促进城乡融合，拉动内需。

在国家众多农牧业利好政策的引导下，全国各地对杂交构树产业需求越来越大。贵州科华依托产业对构树农产品提质增效、构树循环农业科技创新、构树智慧农业加速建设等充满信心，产业已经踏入高速发展期。未来3年乡村振兴必将火力全开；未来10年资本与全球市场必将为中国农牧种养循环可持续发展产业注入蓬勃动力。

第三节　中植构树生物科技有限公司

一、公司基本情况

中植构树生物科技有限公司（以下简称"中植构树"）是响应国务院构树扶贫工程，由国内最早与中国科学院植物研究所合作开展杂交构树产业化实验和示范的大连中植环境生物科技有限公司发起成立，秉持以产业发展带动扶贫的思路，在非试点地区的辽宁瓦房店、山东菏泽市分别建立了杂交构树种养结合产业基地，其中在菏泽市为农民创造土地租金、务工薪金、无息资金的"三金"收入和农民零投入、零风险、零距离的"三零"构树扶贫模式，取得良好的产业扶贫效果，被原国务院扶贫办写入构树扶贫工程典型案例中，相关经验与做法先后在《中国扶贫》《中国科学院院刊》发表，并被国务院扶贫办誉为"高庄样板"。

二、公司发展情况

作为第一批规范化育苗企业，中植构树积极响应国务院扶贫办的号召，率先降低了杂交构树组培苗针对扶贫工程的价格。作为最早使用2.0技术繁育种苗的企业，中植构树与中科创构（北京）生物科技有限公司合作，无私地承担了对其他规范化育苗企业的技术培训和指导，并连续多年向四川、云南、广西等地的规范化育苗企业提供优质组培原种，帮助他们扩大种苗繁育能力，提高种苗质量。

中植构树在辽宁和山东两地的粮改饲政策引导下,共计利用耕地种植杂交构树近4000亩,收割杂交构树鲜枝叶并生产青贮杂交构树,同时利用青贮杂交构树开展肉牛、蛋鸡的养殖。2019年,受自然资源部和农业农村部〔2019〕1号《自然资源部 农业农村部关于加强和改进永久基本农田保护工作的通知》文件的影响,中植构树主动"退林还耕",中止了两地的杂交构树种植,进而中止了相关的养殖。尽管如此,中植构树并未中断杂交构树产业技术的研发,在获得辽宁省科技进步二等奖的同时,经过多年的筛选,培育出利用太空搭载、航天育种的新品种杂交构树。

图4-3 大连瓦房店"构饲肉牛"种养基地

三、大连长兴岛杂交构树金融支持项目

2024年,大连长兴岛经济技术开发区提出农村土地流转及规模化经营项目的需求,经过前期论证,杂交构树产业化比较符合该项目的要求,在此基础上,中植构树参与编写《大连长兴岛经济技术开发区土地流转及规模化经营项目可行性研究报告》,结合杂交构树产业化实验示范的经验以及在辽宁和山东运营杂交构树扶贫项目过程中的经验和教训,为长兴岛杂交构树规模化运营提供了翔实的数据和切实可行的方案,最终通过了评审,获得立项批复和备案,并获得了银行的授信。

长兴岛农业用地多以山地、丘陵、坡地为主,耕作层普遍较浅且多含风化岩石子，同时缺少配套农业灌溉设施，因此当地大田主要农作物以玉米等为主，农民基本靠天吃饭，粮食种植效益低下，远低于东北平原、华北平原地区。2016年，中植构树在与长兴岛隔海相望、直线距离不足20千米的瓦房店泡崖乡种植的杂交构树'科构101'组培苗至今已经连续生长了接近10年，当地的气候及土壤条件与长兴岛基本一致，证明杂交构树在长兴岛能够成活且可以顺利越冬。长兴岛经济技术开发区具备种植杂交构树的条件。

1. 项目概况

为贯彻落实习近平总书记关于"三农"工作的重要论述，树立和践行大食物观，立足不与粮争地，坚守18亿亩耕地红线，本着向杂交构树要蛋白的思路，持续推进乡村振兴特色优势产业培育工程，解决蛋白质饲料原料成为畜牧业发展瓶颈的问题，使"以树代粮"成为缓解饲料原料危机和确保食品安全的新途径。本项目将建设地点定位于大连长兴岛经济技术开发区，涉及范围包括长岭村、世辉耀村、新港村、沙包村、广福村共5个村，通过土地流转，实现土地规模化、集约化经营，通过杂交构树种植，大力发展粗蛋白木本饲料产业，提高土地利用效率，使农民增收、产业增效，助力项目区乡村振兴。

建设内容和规模。项目单位流转23670亩农用地，包括耕地20730亩（基本农田1500亩，一般耕地19230亩），其他农用地2940亩（包括农村道路、田坎等）。其中在一般耕地种植杂交构树19230亩，根据生产需要，配置田间作业设备、青贮设备、湿粉设备、干粉设备、颗粒料设备和仓储设备等，可达到年产高蛋白饲料22.08万吨。

投资规模和资金来源。本项目总投资为55693.58万元，其中：建设投资52266.69万元，建设期利息为3426.89万元。建设投资包括工程费用6492.25万元，工程建设其他费用44613.23万元（含土地流转费36590.40万元），预备费1161.21万元。

资金来源为项目资本金和融资资金，其中：项目资本金为11193.58万元，约占总投资的20.10%，由项目单位自筹；项目融资资金44500.00万元，约占总投资的79.90%，由项目单位通过银行贷款等合法方式筹措。

项目运营模式。杂交构树的种植和销售，采用"种植—采收—饲料加工—饲料销售"的经营模式。本项目拟由中植构树按照"种、管、收"三统一模式负责运营管理，合作模式为项目公司与中植构树签订技术合作协议，中植构树选派高管及专业技术人员入驻项目公司，同时聘请行业内专家保驾护航。由北京蓝天创优农牧科技有限公司、大连长兴岛综合服务有限公司定向收购杂交构树饲料，用于发展杂交构树特色养殖。

2. 项目目标市场

（1）大连市市场需求

畜禽养殖市场。大连市出台促进畜牧业高质量发展工作实施方案，在育种、饲草料供应、机械化及规模化经营、扶持中小养殖户等方面发力，加快构建现代养殖体系。为壮大饲料产业，大连市将因地制宜推行粮改饲，以金普新区等地区为重点，增加青贮玉米、苜蓿、燕麦草等饲草种植，推动杂交构树等新饲草资源的开发利用；推进饲草料专业化生产，加强饲草料加工、流通、配送体系建设；研究推广黄贮、微生态发酵等实用技术，促进秸秆等非粮饲料资源高效利用；研究推广工厂化发酵、高效提取加工等技术，加快生物饲料原料的开发利用；调整优化饲料配方结构，促进玉米、豆粕减量替代。

根据国家统计局大连调查队数据，2020年，全市肉蛋奶总产量116.5万吨；猪、牛、羊、禽饲养量（年出栏量加存栏量）分别达394.6万头、23.9万头、53.2万只、4.2亿只；畜牧业产值216.9亿元，占农业总产值比重达23%。争取到2025年，畜牧业产值达到240亿元。全市肉、蛋、奶产量稳定在115万吨以上。如果按照杂交构树添加配制标准全价饲料养殖，需要杂交构树发酵料700多万吨。

（2）项目周边地区构树饲料市场需求

本项目杂交构树饲料的目标市场为畜牧业企业和养殖户，考虑到运输成本因素，项目目标市场区域主要集中在辽宁省、吉林省、黑龙江省、河北省、北京市以及内蒙古自治区东部。《辽宁省"十四五"现代畜牧业发展规划》提出，畜牧业综合生产能力和供应保障能力持续提升，转型升级取得重要进展。实现畜牧业产值1700亿元，肉、蛋、奶产量分别达到390万吨、340万吨、160万吨以上，工业饲料总产量达到1900万吨以上，畜禽养殖规模化率达到70%。

《吉林省"十四五"现代畜牧业发展规划》提出，2025年，吉林省猪、牛、羊、禽分别发展到2220.7万头、524.2万头、889.7万只、6.64亿只；肉、蛋、奶产量分别达到236万吨、122万吨、39.3万吨。

《黑龙江省关于加快畜牧业高质量发展的意见》提出，黑龙江省到2025年，畜牧业总产值达到2800亿元（其中：奶牛存栏150万头，生鲜乳产量730万吨，实现产值330亿元；肉牛出栏400万头，实现产值900亿元；生猪出栏2800万头，实现产值900亿元），年均递增7%以上，占农林牧渔业总产值比重35%左右。

《河北省"十四五"畜牧兽医行业发展规划》提出产品供给目标。肉、蛋、奶产量分别达到530万吨、450万吨、680万吨，较2020年分别增长27.5%、15.5%、40.7%，居全国第四、第二、第二位；畜牧业产值达到2800亿元，较2020年增长21.3%。

《内蒙古自治区"十四五"推进农牧业农村牧区现代化发展规划》提出：到2025年，肉类总产量达到270万吨，奶产量达到1000万吨以上，奶畜存栏达到350万头，率先在全国实现奶业振兴。

3. 项目的意义

（1）本项目建设符合《"十四五"推进农业农村现代化规划》《辽宁省"十四五"农业农村现代化规划》《"十四五"全国畜牧兽医行业产业规划》和《大连长兴岛经济技术开发区国民经济和社会发展第十四个五年规划和二〇三五年远景目标纲要》等相关法律法规、政策、规划文件要求。

（2）本项目通过土地流转，实现土地规模化、集约化、专业化经营，一方面，提高了土地利用率和劳动生产率，增加农产品供给；另一方面，使农民增收、产业增效，促进农业现代化和乡村振兴。

（3）本项目生产的高蛋白饲料可减少饲料粮消耗，实现"化树为粮"，避免人畜争粮，是保障地区粮食安全的有力措施。同时杂交构树具有减少污染、保护环境的作用，项目生态和社会效益显著。

（4）本项目以高蛋白饲料为终端产品的设计科学合理，由具有专业技术能力的中植构树生物科技有限公司做运营保障，有中国蓝天集团的采购订单做市场保障，经济效益显著，同时也为下游养殖业带来新的发展契机。

综上所述，本项目从政策、方案、社会、经济和生态等多方面考虑，是可行和必要的。

第四节　中乡同构（北京）农业科技发展有限公司

一、企业概况

中乡同构（北京）农业科技发展有限公司（以下简称"中乡同构"）成立于国家乡村振兴战略深入推进的关键时期，是一家以杂交构树为核心载体、致力于推动生态循环农业和健康食品产业发展的股份制平台企业。中乡同构由中国乡村发展志愿服务促进会指导，联合全国10家杂交构树龙头企业共同发起成立，依托国家"大食物观"战略背景，专注于通过科技赋能和资源整合，打造从种植、加工、养殖到销售的完整产业链。

作为行业龙头，中乡同构以"规模化、标准化、品牌化"为发展目标，在全国范围内布局杂交构树产业化基地，覆盖种植、饲料加工、畜牧养殖、食品生产等多个环节。中乡同构以科技为支撑，整合相关科研机构的技术成果，构建了产学研深度融合的创新体系。截至2024年底，中乡同构已在全国建立12个核心示范基地，辐射带动种植杂交构树累计超5万亩，惠及农民3万余人，成为乡村振兴领域的重要实践者。

二、主营产品

中乡同构的产品线以杂交构树的高营养价值为核心，围绕"健康食材"和"生态食品"两大方向，开发了多款创新型产品：

1. 生态黑猪肉

经杂交构树饲料喂养的黑猪及野猪品种，其肉质具有肌内脂肪含量高、纤维细腻、香味浓郁的特点。经检测，产品中不饱和脂肪酸比例显著优于普通猪肉，且无抗生素残留，符合高端健康肉类的市场需求。

2. 高蛋白牛肉

利用杂交构树饲料的天然高蛋白特性（蛋白质含量达24%），中乡同构培育的肉牛品种在生长周期内蛋白质沉积效率提升30%，产品脂肪含量低、氨基酸组成均衡，成为健身和健康饮食市场的明星产品。

3. 杂交构树茶叶

以杂交构树嫩叶为原料，采用传统制茶工艺结合现代生物技术，开发出富含类黄酮和多酚的功能性茶饮。该茶品具有降三高、改善睡眠等功效，且未添加任何化学物质，市场反馈极佳。

4."大别山构香"麻黄鸡

以杂交构树饲料喂养的麻黄鸡品种，其肌肉紧实、香味独特，肌间脂肪含量较普通散养鸡高出50%，汤汁鲜美且带有构树清香，成为餐饮业高端食材的代表。

5. 构饲生态土鸡蛋

蛋清浓稠、蛋黄色泽鲜艳，富含卵磷脂和维生素D，营养价值比工业化养殖鸡蛋高出40%，主打母婴和健康食品市场。

6. 杂交构树粉干与馒头

将杂交构树叶粉与传统主食结合，开发出高纤维、低升糖指数的功能性食品，尤其适合糖尿病和三高人群，填补了健康主食市场的空白。

图4-4　杂交构树面条

三、运营情况

中乡同构的运营模式以"平台化整合+全链条赋能"为核心,具体表现为:

1. 产业链协同发展

中乡同构构建了"种植—加工—养殖—销售"四位一体的产业闭环:

种植端:通过土地流转和订单农业模式,与农户合作推广杂交构树种植,提供种苗和技术支持,确保原料供应稳定。

加工端:在全国10多个省(区、市)建设饲料加工厂和食品生产线,年处理杂交构树原料超50万吨,实现从青贮饲料到深加工食品的全覆盖。

销售端:搭建线上线下融合的销售网络,与盒马鲜生、京东健康等平台合作,并开拓高端商超和社区直营渠道,2024年销售额突破亿元。

2. 政策与金融赋能

依托国家乡村振兴政策和扶贫工程专项资金,中乡同构为合作农户提供低息贷款和保险服务,并通过"股权+分红"模式绑定农户利益,2024年带动户均增收2.3万元。

四、企业优势与挑战分析

(一)核心优势

1. 技术创新优势

拥有杂交构树相关专利12项,在饲料发酵、功能成分提取等领域处于行业领先地位。

2. 全产业链布局

从种苗供应到终端零售的全链条控制,降低中间成本,利润率比行业平均水平高15%。

3. 政策红利加持

作为乡村振兴特色优势产业培育工程重点企业,享受税收减免、用地优先等政策,并与地方政府共建产业园区。

（二）产业发展问题

1. 市场认知度不足

消费者对杂交构树产品的营养价值缺乏了解，需加大科普投入。

2. 产业链标准化待完善

部分偏远地区种植管理粗放，导致原料品质波动。

3. 深加工技术瓶颈

杂交构树叶中木质纤维素降解技术仍需不断优化，以免制约高附加值产品开发。

（三）发展建议

1. 加强品牌建设

通过IP联名、健康认证（如有机、无抗）提升产品溢价能力。

2. 推动产学研深度融合

联合高校攻克饲料发酵和功能食品开发技术，例如，系列开发杂交构树蛋白肽、护肤品、保健酒等高端产品。

3. 拓展国际市场

针对东南亚和欧洲市场推广杂交构树饲料替代豆粕的环保概念，抢占全球蛋白原料市场。

五、未来展望

中乡同构计划在2025—2030年实施"双百工程"：建设100个标准化产业基地，实现年产值超100亿元。通过构建"构树+健康+文旅"的产业生态，中乡同构将进一步推动乡村振兴与低碳经济的深度融合，成为全球木本蛋白产业的标杆企业。

第五节　安徽宝楮生态农业科技有限公司

一、企业概况

安徽宝楮生态农业科技有限公司（以下简称"安徽宝楮"）成立于2016年12月，注册资本金6000万元，是一家专业从事杂交构树种养结合生态循环农业技术研发与可复制产业发展模式的农业科技企业；一家专注于无抗、安全、生态农产品的企业；一个以生态、科技、产业振兴乡村为己任的企业。

安徽宝楮近年来，先后荣获2018、2019年度"先进民营企业"，2020年度市级"龙头企业""文旅创意铜奖""脱贫攻坚社会扶贫工作先进企业"，2021年省级林业产业化龙头企业，及"国家ＡＡＡ级诚信企业单位""全国绿色农业产业（杂交构树类）指定生产基地""中国生态食材生产示范基地""安徽省秸秆暨畜禽养殖废弃物综合利用产业博览会金奖""第十四届中国义乌国际森林产品博览会优质奖"等多项荣誉。

安徽宝楮生态农业科技有限公司安徽省院士工作站授牌成立，以中国工程院院士印遇龙先生为首的科研团队同步组建。在与印遇龙院士团队的合作努力下，宝楮科研团队首先针对杂交构树种养生态循环农业产业链的若干关键节点展开了深入研究，截至目前已研发专利32项，并参与印遇龙院士团队所编写《饲用构树生物饲料行业标准》和《饲用构树生物饲料加工制造规范》的起草工作。同时，邀请中国工程院李德发院士团队，为霍邱县乡村振兴构树产业做整体规划。

安徽宝楮秉持绿水青山就是金山银山的绿色发展理念，以科技研发为先导，致力于生态循环农业技术的研发和产业推广，致力于打造"生态环境持续改善，自然资源高效利用，食品安全持久保障，畜牧养殖业可持续性发展"的创新农业生产模式。安徽宝楮生态农业科技有限公司安徽省院士工作站，依托院士团队的支持，安徽宝楮科研团队迅速壮大，研究方向涵盖杂交构树育苗、栽培种植、动物营养、生物发酵工程、生物饲料生产、动物疫病生物防控、食品加工、食品安全监测等学科，科研方向实现了公司全产业链覆盖。

通过不断的科技研发投入和建设，宝楮构树种养结合生态循环农业产业链各节点实现完整有序运行，周而复始的环状生态循环农业生产系统完全闭合。与此同时，形成了成熟的系统集成技术体系，通过这一系统集成技术体系，即可依照不同生产规模广泛复制该新型高效农业生产模式。

安徽宝楮将致力于建设一个集杂交构树关联产业技术研究、种养结合生态循环农业技术研发、循环生态农业生产新技术示范、科技扶贫与生态产业扶贫培训基地、无抗生态安全食品生产基地、体验观光生态农业园区等于一体的新型高效生态农业园区，打造以杂交构树关联产业为核心的无抗、生态、安全农产品产业集群，为促进农业生态进步和食品安全作出贡献。

二、主营产品

安徽宝楮已经建成投产运营的产业以杂交构树产业为核心，以杂交构树生物饲料核心生产技术为基础，平行发展"大别山构香"品牌系列无抗、生态、安全农产品，"大别山构香"品牌的猪肉、麻黄鸡、鸡蛋以及精选构树头茬嫩芽、采用六安瓜片古法制作工艺精制的构树茶等杂交构树产业链关联产品已投放市场，受到消费者高度追捧。

构香猪肉。将杂交构树枝叶通过发酵加工再按配方比例加上玉米、豆粕等原材料，生产出杂交构树饲料，它完全没有添加抗生素、激素等添加剂，保证了饲料和饲养的生态和绿色标准。用杂交构树饲料养出来的猪，瘦肉多，肥肉少，多五花肉，还有清香味。猪肉有嚼头，口感好，瘦肉香甜爽口，肥肉肥而不腻，鲜嫩香醇、香味浓郁。蛋白质含量高，以粗蛋白为主，热量高，脂肪含量低（仅为普通家猪的50%），以瘦肉为主，胆固醇含量比普通家猪低29%，肉产品的抗生素检测为0，还拥有17种氨基酸，总含量达到了74%，是目前市场其他肉品无法比拟的，是名副其实的现代营养食品。

图4-5 "宝楮"畜禽产品

构树茶叶。以构芽和叶为原料制成的构叶茶,富含蛋白质、维生素、微量元素及多酚类物质,易于人体吸收,不仅可抗细胞氧化、抗衰老、降血脂、减肥,而且为人体提供了氨基酸、微量元素和维生素,构叶具有类似人参的补益与抗衰老、稳定神经系统的作用,通过抑制或消除自由基来防止细胞氧化损伤,从而达到延缓人体衰老的养生功效。同时,由于构叶茶不含茶碱和咖啡因,有利于睡眠和休息,增强人体免疫力。

构香鸡。全程使用杂交构树生物发酵饲料,以鲜嫩杂交构树为主要饲料原料,经生物发酵处理后全程饲喂,全程不添加抗生素。"大别山构香"麻黄鸡皮下脂肪较少,肌肉丰满,肌间脂肪含量和香味因子比普通散养鸡增加50%以上,使鸡肉香气更芬芳浓郁、香味更丰富,鸡肉口感紧致,不柴不粉,汤汁尤为鲜美,并具有杂交构树独特清香。总脂肪含量仅为一般鸡肉的1/2,胆固醇降低1/3,含有更多的多不饱和脂肪酸,以及其他营养成分。

构香鸡蛋。全程使用杂交构树生物发酵饲料,以鲜嫩杂交构树为主要饲料原料,经生物发酵处理后全程饲喂,全程不添加抗生素,经第三方专业权威机构检测,农药残留、重金属、抗生素均未检出。不使用着色剂,不使用动物源性饲料,鲜蛋蛋黄颜色呈天然米黄色,蛋黄比普通鸡蛋略大并呈半球形,蛋白浓厚透明,无腥味。熟鸡蛋表面光洁平滑,略有透明质感。白煮蛋蛋白口感滑嫩无渣感,蛋黄软润,不干不呛,芳香可口;炒鸡蛋色泽鲜亮,蛋香浓郁。一蛋多补,含有多种人体必需的功能性营养成分,如卵磷脂、叶酸、ω-3脂肪酸等,食用健康有保障。

随着运营规模的不断扩大，安徽宝楮将紧紧围绕杂交构树生态产品，以坚实的生物技术研发为基础，不断丰富杂交构树产业链生态产品，将逐步形成三大板块：

第一，以杂交构树生物饲料为基础的无抗、生态、安全畜禽水产养殖及肉蛋奶食品；

第二，以杂交构树鲜芽为基础的构树茶、构香面条、构香馒头、构香饼干等特色食品；

第三，以宝楮肽饮、构香高硒蛋等为代表的功能性保健食品。

三、运营情况

杂交构树通过生长竞争对杂草有强大的抑制能力，并具有抗虫能力，无须使用任何杀虫剂和除草剂；其强大的固氮、固磷能力使其能够以较少的耕地面积获得更多的粪污消纳能力，通过消纳粪污产出的嫩枝叶返用于动物日粮，从而实现种养结合周而复始的闭合生态循环链，使养殖粪污资源真正得以原地资源化高效利用，杜绝污染，降低养殖成本，构建有机农业生产体系，显著提高畜禽产品品质。

自安徽宝楮成立以来，已建成投入运营项目包括：建成杂交构树种养循环资源化综合利用示范园区1300亩，目前已累计种植杂交构树2600亩；建成年产杂交构树生物发酵饲料2万吨车间；建成杂交构树种养结合生态循环养猪场14000平方米，年出栏无抗、生态构香猪1.2万头；建成投产饲用构树种养结合生态循环麻黄鸡（地方土鸡品种）养殖示范场；建设水产饲用构树生态示范养殖场面积160亩，开展淡水鱼、小龙虾、大闸蟹等饲用构树生物发酵饲料生态养殖示范；在六安、合肥、长三角地区等城市设立运营"大别山构香"生态农产品直营店多家。安徽宝楮累计推广杂交构树种植面积3000多亩，提供农民就业岗位100余个，引导当地农民成立合作社调整种植结构，种植高产值、高效益构树原料林基地，实现杂交构树原料基地亩产值超过3000元/年，通过安徽六安、合肥、长三角品牌猪肉等多家招商摊位（或门店），借鉴共享、线上线下模式在保证、严控肉品质量的基础上，提高品牌有机猪肉和家禽等产品销售量。借助"互联网+优质品牌猪肉和家禽"等产品，同步发展线上线下销售。

通过上述建设项目的投产运营，除农产品屠宰、冷藏、深加工外，已基本形成杂交构树产业关联技术研究、杂交构树育苗、种植、生物发酵饲料加工、生态农产品销售的全产业链覆盖，种养结合生态循环链的各个环节已经形成无缝链接，在核心区域内构成完全封闭的有机生态循环圈。和传统养殖场蚊蝇肆虐、臭气熏天的环境不同，宝楮生态循环农业彭塔乡绿水青山、空气清新、鸟语花香，彻底破除了养殖业污染困局，充分展现了一种"生态文明、食品安全、美丽乡村"的全新生态循环农业生产模式。

经过这几年的建设与发展，安徽宝楮已经建立完善的技术研发与生产体系，初步完成了生产系统的标准化，具备了复制扩大的基本条件。未来，安徽宝楮计划以安徽宝楮生态农业科技有限安徽宝楮彭塔基地为核心标杆示范基地，继续加强科技研发投入，进一步完善标准化体系，将彭塔基地打造成为科研、培训、生态农产品生产、农旅观光体验的综合构树种养结合生态循环农业科技园区。依托标准化的生产技术体系，面向六安、安徽乃至全国推广杂交构树种养结合生态循环农业产业，为中国畜牧业生产向生态友好型、资源高效型、节粮型、安全保健型方向发展作出自己的贡献。

2022年成立安徽宝楮供应链有限公司。安徽宝楮为"大别山构香"品牌系列以及安徽优质农产品融入长三角、走向全中国做好前期铺垫以及配套服务。安徽宝楮和院士创新团队共同转化由中科院植物研究所通过航天技术培育的杂交构树，通过益生菌发酵技术，将营养价值丰富的杂交构树有效转化为适用于养殖的杂交构树生物发酵饲料。使用杂交构树发酵饲料不仅可以提升普通养殖产品价值，还可以有效降低养殖成本，安徽宝楮通过种植养殖的优势，和当地养殖户形成战略合作。由安徽宝楮提供饲料和技术支持，联合带动当地农户、养殖户发展，使当地养殖产品升级成更生态、更健康的产品。安徽宝楮将以"创新农业生产技术引领未来健康食品"为核心理念，创新农业生产领域，整合第三方养殖场、种植户等社会资源，带动群众增收致富，为乡村振兴助力。

1. 养猪

大别山构香猪和普通猪有个"二减一增"。"二减"是按每头猪110千克左右测算，饲料成本（杂交构树猪700~900元、普通猪800~1100元）最少可结余80元，抗生素及防疫（杂交构树猪50元、普通猪80元）最少可结余30元；"一增"是杂交构树猪比普通猪市场价毛重最少高1元/千克，每头猪按125千克计算，最少增加销售价格125元/头。据此测算，杂交构树猪比普通猪每头最少可以多盈利235元。

2. 养鸡

主要养殖本地麻黄鸡，为保证杂交构树鸡较高的肉质和营养品质，主要采取杂交构树林下散养模式养殖构树鸡，目前销售价格每斤26元，比本地土鸡贵4元/斤。按照每只鸡1.7千克测算，每只杂交构树鸡可以比普通鸡多10元的利润（主要是饲料的减法和销售的加法）。

3. 养鱼养羊养鹅

安徽宝楮和其他养殖大户合作，提供饲料，进行鱼、羊、鹅的饲养。

四、效益分析

（一）经济效益

龙头企业的示范引领作用更加明显，产品成本降低，效益显著增加，与农户建立长期稳定的利益联结机制，通过品牌创建，知名度显著提升，形成利润持续增长的发展模式。

（二）社会效益

1. 延长产业链

产业融合发展后，各经营主体从全产业链的视角来谋划自身发展，积极前伸后延，打通产业链各环节。既可以通过与上下游主体建立紧密的联结关系来实现，也可以通过入股、参股等资本运作方式介入配套产业，还可以通过收购兼并、自建基地等方式实行全产业链经营。

2. 提升价值链

各经营主体从产业各个环节挖掘新的增值空间,将价值提升的理念渗透到生产经营的全过程。在生产环节,挖掘资源稀缺性、特异性,重点发展特色产品、绿色产品;通过扶持农产品初加工企业,与产业园对接,打造加工企业的原材料基地,在加工环节适应消费群体、消费方式转变,细分消费市场,通过精深加工实现增值。

3. 共享利益链

通过项目实施,通过规模化、标准化、集约化的生产,提高劳动生产效率,增加了农业的综合效益;通过产业链延伸,带动了一二三产业融合发展,让本地农民更多地参与杂交构树产业建设;让农民不仅获得基地产品收益,而且通过股权关系,建立利益联结机制,获得财产性收益,总体收益水平快速提高。

通过企业与农户的联结机制,通过村级成立土地专业合作社,集中流转土地后转租给新型农村经营主体,村集体可获得土地租赁收入。全面落实乡村振兴政策,农民专业合作社接受农户土地入股,每亩可获得保底收益,低收入农户按照协议被优先安排参与主导产业的劳作,可获得日工资性收入,与其他成员或者股东按照协议享受分红,大大提升了村民和村集体收入水平。龙头企业等经营主体不但通过传统的保底价收购、加价收购、二次利润返还等形式让农民有收益,而且建立了股份制、股份合作制,让农民以土地经营权、劳动力、资产入股,形成你中有我、我中有你、互利共赢的紧密的利益联结关系,使农民切实分享到价值链增值的收益。

4. 催生新业态

各经营主体紧跟科技新前沿,瞄准消费新趋势,将"互联网+""生态+"等现代新理念引入生产经营活动,创新生产方式、经营方式和资源利用方式,建立健全蔬菜生产社会化服务组织,实现生产、生活、生态共赢。

(三)生态效益

项目建设遵循可持续发展原则,从农田生态系统的总体出发,在合理选择蔬菜基地和加强植物检疫的基础上，创造有利于艾草与杂交构树作物生长的良好生态环境，生产安全和营养双重质量都达到绿色标准要求的高产、优质、无公害的产品。项目采用国内外先进的环境保护与节能、节水技术及设备，对污染物、废弃物、污水均进行处理，实现资源化利用，符合产业所在地的环境保护要求。所采用的环境保护技术措施以及确立的环境工程标准，均符合国家和清镇市的有关环境保护法律法规的要求，具有良好生态环境效益。

杂交构树产业是国家十大精准扶贫工程之一，也是唯一的农业产业，目前正处于风口期，新的科技农业时代来临！公司将涵盖大农业、大健康、大环保、大餐饮、大制造、大金融六大行业，运用产业链整合、互联网、加盟、连锁、金融、上市六种发展模式，多向度融合、多主体参与、多资源整合、多价值追求、多功能开发、一二三产融合发展。

五、公司优势

1. 生态优势：境内及周边地区工业基础十分薄弱，地表和地下水无污染源。

2. 区位优势：面向长三角城市群，背倚大武汉，生态有机农产品拥有广阔市场空间。

3. 生态食品：杂交构树种植生长无须农药化肥，生物发酵饲料与抗生素、违禁添加剂天然拮抗，粮食原料中少量有毒有害物质通过生物发酵被充分降解无害化，不会通过动物饲养传导。

4. 保健美食：风味物质沉积效率倍数提升，无异味，芳香、鲜美、脆嫩，差异化极为显著，对人体有害成分减少、有益成分增加明显，如胆固醇减少40%，富硒、富卵磷脂、多不饱和脂肪酸。

5. 种养殖综合成本降低：粪污资源就地高效循环利用，降低环保支出80%，降低饲料成本10%。

6. 自主专有技术：领先的杂交构树生物饲料发酵降解技术和大规模生产技术，系统技术成熟，可依产业规模大小灵活配置，系统基础技术体系有利于快速复制推广。

7. 市场需求

（1）饲料需求。霍邱本县牧业产值38.5亿元，饲料市场巨大。六安市饲料市场需求同样巨大，并着力防控非洲猪瘟疫情，着力推进生猪复产保供。推深做实农业特色产业"138+N"工程，新培育产业带头人1985人；土地流转面积330万亩；新增市级以上龙头企业40家、家庭农场1650家，新增综合性全程农事服务中心20个。

（2）产品需求。安徽宝楮立足长三角经济区，人口总量为2.2亿人，占中国总人口的1/6。巨大的人口基数和高度发达的经济基础造就了巨大的中高端农产品消费市场，据统计调查，整个长三角城市群仅生猪年需要量即达1亿头，其中，中高端猪肉潜在需求可达5000万头以上，仅猪肉市场规模达2000亿元以上。

中国是农业大国，但不是农业强国，人均耕地面积远低于世界平均水平，种植业长期依赖化肥农药的耕种模式导致土壤缺少有机质，地力退化日趋严重，耕种成本逐年推高；畜牧业生产严重依赖抗生素，导致畜产品品质饱受诟病，食品安全事故时有发生，抗生素滥用对人类健康的威胁成为挥之不去的阴影。中国饲用蛋白质资源的极度缺乏和养殖产品的巨大需求导致我国养殖成本居高不下，完全没有国际竞争力。与此同时，每年近10亿吨农作物秸秆却成为严重的生态环境负担，大量的畜禽粪污也成为最大的农业污染源，因此，发展高效生态循环农业，充分利用生物资源尤其是畜禽粪污等废弃物资源的高效循环利用，已成为中国社会的共识。中国农产品总体上同质化十分严重，同样的品种同样的生产模式下，农产品市场竞争基本依赖品牌竞争和价格竞争，依赖显著的产品差异化优势竞争较少。推广杂交构树种养结合生态循环农业生产模式，充分利用低产土地，种养结合每亩可实现平均综合产值5万元以上，这对于产业扶贫、提高中国农业生产水平和农产品国际市场竞争力具有重要意义。

非瘟、禁抗加环保压力是我国当前畜牧业面临的"三座大山"，而饲料短缺依旧是未来很长一段时间的挑战。机遇与挑战并存，杂交构树生物饲料的蓬勃发展被视为我国畜牧业转型升级的重要抓手,是技术跨界融合的典型范例,是撼动"三座大山"的"愚公"。

绿水青山就是金山银山!推进中国生态农业的进步,促进畜牧养殖向生态友好型、资源高效利用型和食品健康型发展,提高国民健康水平,为子孙后代留一片碧水蓝天,这不是一个人、一个企业能够完成的伟大事业,需要更多的志同道合者携手合作!共同发展!

第五章

杂交构树产业发展的
代表性产品

杂交构树生态农牧业发展正值我国消费者对肉蛋奶和水产品的消费需求日益增长、对食品安全问题高度关注的当下。以高蛋白、种养循环、无抗养殖、食品安全为特色的杂交构树产业一经在我国部分农村出现，就受到当地农民和消费者的好评。尤其值得指出的是，杂交构树生态养殖畜禽水产品，包括猪、牛、羊、鸡、鸭、鹅、兔、鱼、虾、小龙虾等，自进入市场以来，特别是经过权威检测机构的反复检测和消费者的亲身体验后，已经成为广受消费者欢迎的稀缺产品，常常处于供不应求的状况。其中，重庆东水蓝农业科技有限公司生产的"构饲黑猪"、安徽宝楮生态农业科技有限公司生产的"大别山构香猪""大别山构香鸡"已经成为颇受消费者欢迎的知名品牌。

第一节　主要饲草料产品

一、生物发酵饲料

通常的构树发酵饲料是通过添加微生物菌剂（如乳酸菌）、糖蜜、酶制剂（如淀粉酶、纤维素酶、半纤维素酶）等来制作的。值得关注的是，杂交构树原料本身附着的乳酸菌在整个发酵过程中才是主力军，起到了至关重要的作用，这主要是由于其在青贮发酵过程中更容易繁殖和适应青贮的发酵环境进而发挥关键作用。禾佳（洛阳）农业科技有限公司委托河南科技大学动物科技学院"饲草饲料资源开发和畜禽健康养殖"科研团队，通过产学研合作创制新型构树发酵饲料，开发了二代青贮技术，选用低聚糖作为青贮添加剂（河南科恩博农业科技有限公司生产）加工生产构树发酵饲料，其主要成分为低聚木糖，它能使乳酸菌、双歧杆菌等厌氧菌在更短时间内迅速增殖产生乳酸、乙酸等有机酸，使pH降至4.2以下，从而抑制腐败菌的生长，缩短青贮过程，生产的构树发酵饲料品质更佳。与苜蓿青贮料相比，氨的浓度由2.23%下降到0.67%，乙酸浓度由2.86%提高到3.35%；与一代构树发酵饲料相比，乙酸浓度由2.35%提高到3.35%。目前，公司生产的二代构树发酵饲料饲喂豫西黑猪、卢氏鸡、西门塔尔牛、梅花鹿等，显著提高了畜禽生产性能和免疫力，改善了畜产品品质。

图5-1　杂交构树青贮发酵裹包

二、干粉饲料

杂交构树干粉饲料是将收割后含水70%以上的原料经过粗粉碎、烘干、细粉碎等生产工艺加工后得到的水分含量13%以下的粗干粉饲料的统称。

河南盛华春生物科技有限公司在河南省兰考县建设国内首条杂交构树干粉饲料加工生产线。该生产线成本低、节能、环保、自动化程度高，按杂交构树饲料专用设备特殊设计、一机多用，烘干热源采用国家倡导的可再生生物质颗粒为燃料，硫氮排放低，二氧化碳零排放，符合国家烟尘排放标准的要求，干粉产能30吨/10小时。杂交构树全株干粉饲料蛋白含量18%以上，颗粒直径<1毫米的超细杂交构树干粉饲料适宜饲喂鱼、虾、蟹等水产类生物，颗粒直径1

图5-2　"盛华春"杂交构树干粉饲料

毫米左右的细干粉饲料适宜饲喂猪、鸡、鸭、鹅等畜禽，颗粒直径1~3毫米的适宜饲喂牛、羊等牲畜。产品商标为"盛华春"。

三、全日粮饲料

由于杂交构树收割后量大，受天气影响自然晾干又极不现实（我国南方地区降水量大，这个问题更加突出），使其作为干粉原料应用于各种畜禽全价配合饲料生产受到了极大限制。加之各种人工干燥成本高引起构树干粉原料成本居高不下，致使至今开发生产杂交构树全日粮饲料的企业少之又少。杂交构树全能牛饲料——构劲牌为此做了积极探索，取得了比较好的效果。利用杂交构树高蛋白质含量、丰富的微量元素与能量价值高、低纤维、易消化等特点，通过发酵工艺优化、复合菌剂应用等技术提升饲料质量，生产构树全日粮牛饲料。饲用该饲料的牛肉质紧实、纹理清晰，脂肪分布均匀，香味浓郁，深受消费者青睐。客户从质疑到认可只用了短短3个月时间就已经实现了超过5000头牛喂养构树全能饲料。构劲全能牛饲料具有以下优势：

1. 营养成分比例合适

构劲全能牛饲料按科学配方配制，各营养成分比例合适，能满足不同生长阶段牛的需求。

2. 提高饲料利用率

构劲全能牛饲料将各种饲料原料充分混合，改善适口性，牛采食更均匀，减少挑食和饲料浪费。

3. 节省劳动力

传统喂牛需分别投喂粗饲料、精饲料，操作烦琐、耗时长。构劲全能牛饲料开袋即喂。

4. 稳定瘤胃环境

构劲全能牛饲料营养均衡，能让瘤胃内pH、微生物种群等保持稳定，提高饲料消化率。

5. 提高生产效益

可提高屠宰率3%~5%，板油少，肉质更嫩，肉色更好。

6. 便于管理

构劲全能牛饲料的配方调整可根据牛的生长阶段、生产性能、季节变化等灵活进行。

图5-3 杂交构树全日粮牛饲料

第二节 主要养殖畜产品

一、构饲猪肉

1. "大构猪"

禾佳（洛阳）农业科技有限公司注册了"大构猪"，用自有研发制作的绿色杂交构树饲料配合全价饲料饲喂，保证无激素和抗生素，生猪免疫力大幅提升，从12千克左右入栏到125千克出栏，饲喂综合成本下降195元/头，真正做到"降本增效、以草代粮"，改善肉质和口感，去除了腥臊味，回归自然本真，各项品质检测指标优于普通猪肉。

表5-1 杂交构树发酵饲（草）料对生猪生长性能和屠宰性能及肉品质的影响

项目	对照组	试验组
平均日增重/千克	1.22 ±0.10	1.27 ±0.08
平均日采食量/千克	3.06 ±0.30	3.25 ±0.24
料肉比	2.50 ±0.15	2.57 ±0.10
胴体重/千克	86.49 ±2.43	89.73 ±2.55
屠宰率/%	76.47 ±0.82	78.66 ±0.92
背膘厚/毫米	20.77 ±1.66	22.66 ±1.50

表5-2 构饲猪肉检测数据表（瘦肉）

检测项目	单位	检测值
硒	mg/kg	0.377
α-VE	mg/100g	0.219
维生素E	mg/100g	0.219
癸酸	g/100g	0.00741
豆蔻酸	g/100g	0.0995
棕榈酸	g/100g	1.73
十七碳酸	g/100g	0.016
硬脂酸	g/100g	0.896
花生酸	g/100g	0.017
二十一碳酸	g/100g	0.00425
饱和脂肪酸	g/100g	2.77
棕榈油酸	g/100g	0.2
油酸	g/100g	2.9
亚油酸	g/100g	0.759
顺-11-二十碳一烯酸	g/100g	0.0566
α-亚麻酸	g/100g	0.0631
顺-顺-11-14-二十碳二烯酸	g/100g	0.0323
二高-γ-亚麻酸	g/100g	0.01.38
芥酸	g/100g	0.00722
顺-11-14-17-二十碳三烯酸	g/100g	0.0103

续表

检测项目	单位	检测值
花生四烯酸	g/100g	0.0789
EPA	g/100g	0.00331
DHA	g/100g	0.00355
不饱和脂肪酸总量	g/100g	4.13
脂肪酸总量	g/100g	6.9
其他	未检出	

表5-3　构饲猪肉检测数据表（肥肉）

检测项目	单位	检测结果
水分	g/100g	20.4
脂肪	g/100g	81.0
癸酸	g/100g	0.0609
月桂酸	g/100g	0.0599
十三碳酸	g/100g	0.00403
豆蔻酸	g/100g	1.12
十五碳酸	g/100g	0.0254
棕榈酸	g/100g	19.5
十七碳酸	g/100g	0.172
硬脂酸	g/100g	8.55
花生酸	g/100g	0.191
二十一碳酸	g/100g	0.0388
山嵛酸	g/100g	0.00905
饱和脂肪酸	g/100g	29.7
豆油酸	g/100g	0.0145
棕榈油	g/100g	2.18
油酸	g/100g	35.1
亚油酸	g/100g	9.09
γ－亚麻酸	g/100g	0.0323
顺－11-二十碳一烯酸	g/100g	0.746
α－亚麻酸	g/100g	0.958

续表

检测项目	单位	检测结果
顺—顺—11-14-二十碳二烯酸	g/100g	0.477
二高—γ-亚麻酸	g/100g	0.0661
芥酸	g/100g	0.0353
顺—11-14-17-二十碳三烯酸	g/100g	0.159
花生四烯酸	g/100g	0.15
顺—13-16-二十二碳二烯酸	g/100g	0.0143
EPA	g/100g	0.00666
DHA	g/100g	0.0171
不饱和脂肪酸总量	g/100g	49.1
脂肪酸总量	g/100g	78.8
其他	未检出	

2."东水蓝"

重庆东水蓝农业开发有限公司位于重庆市云阳县，公司以养殖黑猪为主，形成杂交构树种植、饲料加工、养殖、销售全产业链，构建了"种养结合、生态循环"产业发展模式，所打造的品牌"东水蓝"得到权威专业机构有机产品认证。

目前，生产和销售的品种有冰鲜猪肉、烤肠、腊肠、午餐肉、包子（生鲜），"猪八件"（猪头肉、猪肝、猪肚、猪蹄等熟食），通过专卖店、展会，京东、抖音等线上线下相结合的销售模式，主要在北京、重庆等地销售。

3."友邻构香猪"

"友邻构香猪"由位于重庆市荣昌区的重庆友邻康生物科技有限责任公司生产。公司是一家以微生物发酵原料为主，以中间发酵剂生产、畜禽养殖、"友邻构香猪"鲜肉品牌连锁、原料加工、动保业务、杂交构树种植为配套的科技公司。

友邻康在杂交构树加工利用方面，其生产工艺运用了传统中药和现代生物工程相结合的生产方式，使生产出的杂交构树产品有独特的优势，如可长时间保存多达3年，从而弥补冬季牧草严重缺乏的状况。在养殖技术方面，摸索出了一套杂交构树在养殖中的高效利用的经验，杂交构树在畜禽养殖中，能有效地提高畜禽的防病能力，使畜禽的肉质产生独特的风味，同时解决了我国蛋白原料短缺的问题。杂交构树既能作为高蛋白原料，又能在高抗生素养殖时代减少抗生素使用，增加动物抵抗力，增强消化能力，减少氨气排放，缓解环保压力。

在杂交构树养猪产业后端，打造"友邻构香猪"品牌连锁店。食品端目前主要以发展"友邻构香猪"品牌为主要发展方向，后期将计划继续助力乡村振兴，推进安全猪肉产业示范点建设，形成"农业合作社种植+构树生物活性原料生产工厂+荣二元育肥+构香猪直营门店"的模式，以地方品种荣昌猪为主要品种，以纯种荣昌猪做母本、约克夏猪为父本进行杂交（荣二元），以"公司+农户"的模式进行推广和应用。

4."李茂泉"猪肉

位于山西省临汾市蒲县的蒲县态源生态科技有限公司，其以法人董事长名字注册了"李茂泉"品牌杂交构饲猪肉，养殖猪种是三元杂交大白猪。"李茂泉"构饲猪肉肌间脂肪是普通猪肉的数倍，外观口感与雪花牛肉无异，所含的不饱和脂肪酸含量也远超国家标准，烹制过程中久炒而不干且肉香更加浓郁，肉质紧实、弹性十足。

经过浙江省杭州市国家食品检测中心检测，杂交构树猪肉与普通猪肉对照数据显示，用杂交构树饲料饲养的猪肉：脂肪是普通猪肉的1/6，钙含量提高了43.2%，硒的含量增加了153%，胆固醇降低了45.2%，维生素B_1、B_2增加了65%~73%。杂交构树猪肉口感好、不腥气、脂肪低、肥而不腻、胆固醇低。

为了让消费者轻松吃到真正的杂交构树无抗猪肉，同时更完整地掌控产业链，把控构树无抗猪肉的品质，公司建立了产地直送专卖店销售模式，新鲜构树猪肉从产地直送达专卖店，没有中间商，保质保量，杜绝以次充好。

5."大别山构香猪"猪肉

"大别山构香猪"牌猪肉产地在安徽省霍邱县，由安徽宝楮生态农业科技有限公司生产。主要通过杂交构树种养循环资源化综合利用生产模式，以鲜嫩杂交构树为主要饲料原料。经生物发酵处理后全程饲喂，全程不添加抗生素，经第三方专业权威机构检测，农药残留、重金属、抗生素均未检出，同时对人体健康有益的成分显著增加，如构香猪肉蛋白质增加21.7%，达24.7克/100克；多不饱和脂肪酸（ω6/ω3等），尤其是二十二碳六烯酸（DHA）显著增加；矿物质营养，如硒、铁等也大量存在；对影响肉质口感风味的营养物质有极大提升，如肌间脂肪、呈味氨基酸含量。

"大别山构香猪"肉鲜、无腥臭体味，肌肉色泽粉红鲜亮有光泽，抗氧化能力强，货架期长，长时间暴露于自然环境不变色发黑。食用口感鲜、嫩、香、脆，汁水丰富，细嚼微有甜味，有显著芳香回味；肥肉断面呈暖玉光泽，入口爽脆不腻，入喉无颗粒感和油腻感，余味芬芳，持久不散。

6."小构叶"猪肉

"小构叶"牌猪肉由湖北小构叶生物科技有限公司在湖北省秭归县生产，猪品种为当地黑猪。"小构叶"猪肉低脂肪，富含不饱和脂肪酸，肥而不腻、瘦而不柴，无须焯水即可烹制，无腥味，还原20世纪60年代味道。零农残、零瘦肉精、零有害化学添加、零激素，生态健康，品质上乘。

图5-4　构香猪肉

公司种植杂交构树，采收后加工成发酵料备用。育肥时全日粮杂交构树饲料配方为63%玉米、21.5%豆粕、1.5%大豆油、10%发酵杂交构树、4%矿物质预混料等。采用圈养方式，养殖270天，料肉比为3.2∶1。

二、构饲牛肉

1."大构牛"

禾佳（洛阳）农业科技有限公司注册了"大构牛"商标，用自有研发制作的绿色杂交构树配合全价预混料饲喂，保证无激素和抗生素，肉牛免疫力大幅提升，从400千克入栏到650千克出栏用时5.5~6个月，比普通饲料饲喂提前出栏1.5个月，饲喂成本下降27.65%，净肉出肉率比其他饲料高1.5%，真正做到"降本增效、以草代粮"，改善肉质和口感，各项品质检测指标优于普通牛肉，见下表：

表5-4　杂交构树发酵饲（草）料对育肥肉牛生长及肉品质影响

项目	对照组	试验组
平均日增重量/千克	0.9 ± 0.1	1.41 ± 0.1
平均干物质日采食量/千克	9.25 ± 0.62	10.02 ± 0.77
料重比	8.40 ± 0.67	8.23 ± 0.59
屠宰率/%	56.04 ± 5.24	56.20 ± 3.65
眼肌面积/平方厘米	93.41 ± 15.44	95.45 ± 15.83
大理石纹	B	A
肌肉色	B	A
脂肪色	A	S
嫩度/N	53.43	40.72

表5-5　大构牛肉与普通牛肉营养成分比较

检测项目	普通牛肉（g/100g）	大构牛肉（g/100g）	要求标准	对比结果	备注
蛋白质	17.9~20.9	19.6	高	优	后腿肉
脂肪	2~20	1.1	低	特优	
灰分	1.2~1.8	1.1	低	特优	
赖氨酸	1.4~1.8	2.14	高	特优	
蛋氨酸	0.27~0.48	0.349	适量高	优	
亮氨酸	1.5~2.0	1.71	高	优	
异亮氨酸	0.9~1.3	0.903	适量高	优	
缬氨酸	0.96~0.99	0.968	适量高	优	
苯丙氨酸	0.53~0.96	0.806	较高	优	
苏氨酸	0.8~1.2	0.943	高	优	
谷氨酸	2.0~3.0	3.32	适量高	特优	
甘氨酸	0.8~1.2	0.917	高	优	

检测项目	普通牛肉 （g/100g）	大构牛肉 （g/100g）	要求标准	对比结果	备注
丙氨酸	0.8~1.2	1.1	高	特优	后腿肉
天门冬氨酸	1.0~1.5	1.9	较高	特优	
酪氨酸	0.4~0.8	0.632	适量高	特优	
组氨酸	0.4~0.8	0.627	适量高	特优	
精氨酸	1.2~1.8	1.39	适量较高	特优	
脯氨酸	0.8~1.3	0.894	适量高	特优	
丝氨酸	0.6~1.0	0.829	适量较高	特优	

表5-6　脂肪酸（一般占脂肪含量95%）检测数据比较表

检查项目	检测数据 （%）	占脂肪酸总量 （%）	普通占脂肪 酸总量（%）	要求指标	对比结果
亚油酸	0.120	11.483	2~10	适量高	特优
α-亚麻酸	0.0121	1.157	1~5	适量高	优
花生四烯酸	0.0374	3.578	1~3	适量高	特优
油酸	0.337	32.248	30~50	适量高	优
棕榈油酸	0.0169	1.617	3~10	适量	特优
肉豆蔻酸	0.0173	1.655	5~10	适量低	特优
棕榈酸	0.225	21.531	20~30	适量低	优
硬脂酸	0.260	24.88	15~25	低适量	优
反油酸	0.0213	2.038	1~5	低适量	优
反亚油酸	0.00339	0.324	1~3	低适量	特优
其他物质	未检出			/	/

2. "菏牛"牛肉

"菏牛"牌牛肉由中植构树（菏泽）生态农牧有限公司在山东省菏泽市生产，牛品种为鲁西黄牛。用杂交构树替代谷饲当中的青贮玉米、豆粕等原料，同样采取圈养方式养殖肉牛。由于青贮杂交构树具有更高的瘤胃降解率，含有丰富的氨基酸以及提高免疫力、抗氧化的植物类黄酮等物质，会加快肉牛的增重速度，使得牛肉口感更细嫩、口味更鲜美，形成了独特的"构饲"风格。

为此，2017年公司注册了构饲商标，旨在彰显"构饲"的独特性，针对"构饲"标准，公司一直在探索，期望有朝一日能打破西方按照西餐模式对牛肉标准的控制。利用构饲的模式，饲喂出中国的高端"菏牛"，是在构饲基础上的提升，公司注册了商标"菏牛"，并联合了养殖企业、养殖合作社、屠宰场、加工厂等一起发力，以鲁西黄牛为主，力争打造出具有中国标准、自主话语权的高端构树牛肉菏牛。

3."和构之美"牛肉

"和构之美"牌牛肉由四川朗布克农业科技有限公司在四川省安岳县生产，牛品种为西门塔尔，养殖方式主要采用委托农民一家一户圈养和养殖场放养两种模式，加工的产品有冷鲜牛肉、酱牛肉、熏牛肉、坛子牛肉、牛肉火腿等系列，主要销往成渝地区，线上线下

图5-5　构香牛排

方式，与品牌火锅店和社区生鲜店合作。鲜牛肉色泽鲜嫩干燥，蒸煮炒炖，鲜香可口，入口化渣，细嫩滑爽。高蛋白低脂肪，富含不饱和氨基酸，无抗生素。

三、构饲鸡蛋

1.卢氏鸡蛋

卢氏鸡距今已有2000多年的历史，也称卢氏花鸡，是我国优良的地方家禽品种资源，也是河南三大地方良种鸡之一，是适合山地放养的古老鸡种，有个体轻巧、觅食力强、耐粗饲、抗病力强、抗逆性强、适应性广、性情温顺喜群居、肉质鲜嫩、高蛋白质、低胆固醇、风味独特和产绿壳蛋等品种特点，同时因卢氏县独特的地理位置、气候特征和人文因素而闻名。卢氏县优鲜道生态农业有限公司是河南省最大的卢氏鸡原种保护场。

卢氏鸡早在20世纪80年代就被收入《中国畜禽良种志》，2001年11月被列

入《河南省畜禽品种资源保护名录》，2003年被列入《中国畜禽遗传资源保护名录》，2006年5月被列入受国家原产地保护的地理标志产品，2011年被收录入《中国畜禽遗传资源志家禽》。卢氏鸡生产的绿壳蛋蛋壳为青绿色，蛋平均重50克，蛋黄占全蛋33%，具有"三高一低"（高碘、高锌、高硒、低胆固醇）的特点，号称"鸡蛋中的人参"，是理想的天然绿色保健食品。

卢氏鸡饲喂禾佳（洛阳）农业科技有限公司生产的青贮料，取得了很好的效果。公司委托河南科技大学动物科技学院王占彬教授组织的"饲草饲料资源开发和畜禽健康养殖"科研团队设计配方，在日粮基础上添加2%~10%的发酵构树料，适量降低豆粕和玉米用量。初次添加需逐步增量（从2%开始），观察鸡群采食和消化情况（粪便状态）逐步增加。添加效果十分明显：

蛋黄颜色、口感。构树叶富含类胡萝卜素（如叶黄素、β-胡萝卜素等），显著增强蛋黄颜色，可生食，无腥味，口感极佳，可谓色香味俱佳。

脂肪酸组成优化。构树饲料中的不饱和脂肪酸（如亚油酸、α-亚麻酸等）显著提高了鸡蛋中不饱和脂肪酸的含量，不饱和脂肪酸含量占总脂肪酸比例达68.6%，其中多不饱和脂肪酸的含量达到24.6%，远高于同类鸡蛋。

胆固醇调控。经检测，用构树饲料喂养的卢氏鸡，所产鸡蛋中胆固醇含量每100克为238毫克（普通鸡蛋含量为650毫克），远低于同类鸡蛋。

蛋壳质量。构树中的矿物质（如钙、锌等）提高了蛋壳的强度和厚度，减少了破损率。

同时，生物安全增强、成本降低。杂交构树的抗菌抗炎特性（如黄酮、生物碱等）增强了卢氏鸡免疫力，减少了疾病的发生和药物使用，提升了产品的安全性，降低了成本。构树可替代部分豆粕和玉米，降低养殖成本，鸡蛋价格提升50%以上，鸡肉每只多盈利50元以上，经济效益显著。

2."鲸头"鸡蛋

"鲸头"牌鸡蛋由温州市鲸头蔬菜种植专业合作社在浙江省温州市生产。公司种植杂交构树加工鸡饲料，以散养模式饲养构树土鸡，全场喂养以构树干粉饲料按照既定比例加入玉米、豆粕、麦麸等混合使用，零添加。生产的杂交构树鸡蛋具有几个明显特征，一是蛋黄大，二是口味变化明显，香而不腥，提高了蛋白质含量并改善了脂肪酸组成。胆固醇降低一半，提高了鸡蛋的营养价值，鸡蛋蛋黄细腻，颜色黄里透亮。

杂交构树蛋鸡饲料的使用可以在一定程度上降低饲料成本，减少了豆粕的使用数量。具体的成本和效益会受到多种因素的影响，如饲料价格、鸡的产蛋率、市场需求和销售价格等。

图5-6　构饲鸡蛋（左：构饲卢氏鸡蛋；右：构饲鲸头土鸡蛋）

四、构饲鸡

杂交构树经过科学加工制成发酵料，与玉米、豆粕等配制全日粮肉鸡饲料，可以降低养殖成本，减少环境污染，提升鸡肉品质。构饲鸡肉主要特点如下：

1. 肉质鲜嫩

杂交构树富含多种营养成分，作为饲料能使鸡肉的肉质更为鲜嫩多汁，口感细腻，纤维感不明显。清水煮鸡只需加姜片即可突出鲜香，无腥臊味。

2. 营养丰富

杂交构树含有丰富的蛋白质、氨基酸、维生素等营养物质，这些营养成分通过饲料转化，使鸡肉的蛋白质含量较高，脂肪含量较低，同时还含有一些对人体有益的微量元素，如铁、锌等，营养价值提升。

3. 风味独特

与传统饲料喂养的鸡相比，食用杂交构树饲料的鸡在风味上具有独特之处，肉香浓郁，味道鲜美，能给消费者带来不一样的味觉体验。

4. 安全健康

构树含天然抑菌成分，配合发酵饲料中的益生菌，养殖全程基本无须使用抗生素，鸡肉无药物残留，符合绿色食品标准。构树叶中的类黄酮、多酚等成分经鸡体代谢后，可增加肉中抗氧化物质含量，食用后对人体亦有潜在保健价值。

全国多地用杂交构树饲料养殖不同品种的肉鸡，如安徽省霍邱县生产"大别山土鸡"，重庆市荣昌区"友邻康三黄鸡"等，溢价高，十分畅销。

图5-7　构林生态构饲肉鸡

第六章

杂交构树产业发展
效益评价

杂交构树作为一种具有多重优势的新型经济作物，其产业化可持续发展模式，对多个相关行业具有显著的引领和推动作用。在养殖方面，引领饲料原料本土化多元化、健康生态养殖、畜产品提质增效；在农牧业方面，向边际土地拓展、林饲融合、结构升级；在生物技术与加工行业，推动农林作物育种、生物资源高值化利用、精深加工创新；在生态环保领域，开启生态修复、循环经济、碳汇产业；在社会发展和民生经济方面，助力产业扶贫、乡村振兴、培育新业态，实现经济效益、社会效益、生态效益"三效"结合。

第一节　行业发展引领

一、缓解蛋白原料短缺

大力发展杂交构树"构—饲—畜"种养结合的循环经济模式，有利于破解畜牧业三大瓶颈难题（饲料紧缺、抗生素残留、环境污染）。青贮发酵杂交构树干重粗蛋白含量为20%左右，中性洗涤纤维和酸性洗涤纤维分别为46%、34%，粗脂肪为4.9%，矿质养分钙和磷分别为1.74%、0.36%，是一种优质非粮蛋白质饲草料，可以替代苜蓿和部分豆粕、玉米，缓解"人畜争粮"的矛盾。在大量边际土地、低产田和闲置农地等区域种植杂交构树，结合"粮改饲"供给侧结构性改革，规模化生产蛋白原料，是化解"粮饲争地"难题的有效途径。每年进口的大豆如果自己种需要约7亿亩耕地，如果种植杂交构树，1亿亩就可以补足目前蛋白质饲料的缺口，从根本上解决饲料原料紧缺问题，真正把饭碗端在我们中国人自己的手里。

二、推动绿色饲料发展

杂交构树抗性强，耐病虫害，生长过程不打农药，能有效控制农药残留，从源头上有安全保障。杂交构树是药食同源植物，叶片类黄酮含量达5.38%，富含果胶等生理活性保健物质，能提高畜禽免疫能力，在饲料加工和养殖过程中也无须使用抗生素、增长剂、瘦肉精、防腐剂等化学添加剂，生产安全放心畜产品，解决养殖过程中的防疫抗生素等药物超标问题，为餐桌食品安全和人们身体健康提供了可靠的保障。引领饲料行业向绿色、环保方向发展。

三、降低养殖成本

杂交构树生长快、产量高，一次种植多年收割，原料生产成本低于大豆、苜蓿等蛋白质饲草料。饲料中可替代部分传统饲料，牛羊反刍动物饲料中可添加30%左右，猪饲料添加15%左右，鸡5%左右。能有效降低饲料成本，提高养殖效益。如安徽省霍邱县安徽宝楮生态农业科技有限公司用杂交构树饲料养殖大别山构香猪，可实现"二减一增"的效益。"二减"，即减少饲料成本至少80元/头，减少药物使用成本至少30元/头，降低养殖成本110元/头；"一增"，即比普通猪市场价毛重最少高1元/千克，溢出售价125元/头，每头杂交构树生猪最少多盈利235元。

四、提升畜产品品质

杂交构树发酵饲料有利于发展减抗或无抗养殖，生产优质安全的肉蛋奶产品，满足消费者对高品质畜产品的需求。杂交构树氨基酸总量高，含18种氨基酸，种类齐全，富含风味氨基酸和人畜必需氨基酸，能显著改善畜产品风味、口感，腥味和膻味降低，肉质肥而不腻、瘦而不柴，形成独特的构香味；同时，提升营养成分，如增加不饱和脂肪酸、DHA、EPA含量，降低胆固醇等，有助于打造差异化、高品质、安全的畜产品品牌，引领健康养殖和高端农产品市场。

五、资源循环利用

杂交构树对粪污的消纳能力强，是普通作物的两三倍，养殖过程中产生的粪污废水经过沼气池发酵后，作为有机肥回到杂交构树种植园，既满足了杂交构树生长所需养分，又解决了养殖面源污染的问题，形成杂交构树"种—养"结合生态农牧业的有机循环。此外，发展杂交构树生态农牧业还可以将人类不能直接利用的、约占作物总生物产量相当比重的秸秆、麸皮、糟渣等农业副产品，与杂交构树蛋白质饲草料配合生产全价饲料用于养殖，以最简单的方式实现最大限度的转化增值，生产有机肥料反哺种植业，这也是化解长期以来由秸秆燃烧引发空气污染难题、提高资源利用率、促进农业良性循环的重要途径。

第二节　区域经济发展

一、三产融合高值发展

杂交构树生态农牧业是一个涵盖"育苗—种植—采收与饲料加工—养殖与产品加工—销售—沼、电、肥"完整产业链的大产业集群。相较于普通养殖产业，其最大的特点和优点在于实现了真正意义上的种养循环。而且，在杂交构树生态农牧业的完整产业链中，既包括第一、第二产业，也包括第三产业。把杂交构树生态农牧业做大做强，对于促进农村一二三产业融合发展、带动地方区域经济发展具有重要现实意义。

以杂交构树"构—料—牛"现代农业产业园为例，采取"企业投资带动+政府政策及资金支持+合作社+基地"的联合运作模式，5年内发展杂交构树10万亩，主体养殖肉牛20万头，可形成年产值100亿级产业集群，打造乡村振兴可复制推广的产业样板，实现区域经济高质量发展。主要建设内容包括：

1. 杂交构树组培工厂化育苗基地。建成年产5000万株以上组培大量快繁种苗基地。

2. 杂交构树"种—养"一体化示范园。种植杂交构树，包括饲料加工储藏、养殖示范小区等，建设成为杂交构树样板园基地，可进行实训、交流、学习。

3. 杂交构树博览园。包括杂交构树文化科技展示陈列馆、产品体验园、观光休闲中心。

4. 杂交构树饲料种植园。以农户、专业合作社为主种植杂交构树10万亩，规模化种植生产饲料。

5. 杂交构树饲草料加工基地。将在杂交构树种植地附近建设杂交构树青贮料、干粉和全日粮饲料加工基地。

6. 杂交构树牛肉养殖基地。公司建设种牛场，繁育优良牛犊，养殖合作社和企业进行商品牛养殖。

7. 肉牛屠宰加工基地。宰杀肉牛等供应各大超市和各区县农贸市场，确保肉品既生态又环保；必要时可生产部分肉食加工制品。

8. 设立销售中心。开展线上线下销售杂交构树系列产品，重点打造杂交构树"构饲牛肉"品牌。

二、结构调整延伸产业链

杂交构树适应性强，可在边际土地（如盐碱地、石漠化地区）生长，显著提高土地利用率。在低产田、闲置耕地等替代传统种植，提升土地收益，其经济效益远超传统作物。如种植小麦玉米年净收入约1500元/亩，而杂交构树进入丰产期后，鲜枝叶产量达5~8吨/亩，按500元/吨计算，年收入2500~4000元/亩，增收1000~2500元以上。而且，一次种植可连续收割20年，无须农药，管理成本低。

同时，拉动深加工与产业链延伸。杂交构树全株高值化利用拓展了区域产业空间，如河北魏县建成青贮饲料、颗粒饲料生产线，年处理能力超万吨。浙江温州利用树叶、树芽制作保健茶，每亩产值达10多万元。云南保山发展生物活性炭，以及生产板材或生物燃料等，扩大用途场景。河北魏县、甘肃天水等地提取杂交构树黄酮类活性物质，用于保健、化妆品、药物等。中科创构（北京）科技有限公司还开发了杂交构树美白、祛斑、消炎等面膜产品，延长产业链条，提高附加值。

三、提升稳定性和可持续性

增强区域经济抗风险能力：杂交构树产业的多元化发展模式，使区域经济不再过度依赖单一产业，在面对市场波动、自然灾害等风险时，具有更强的抗风险能力。

促进农村经济可持续发展：通过发展杂交构树产业，吸引人才、资金等要素向农村流动，促进农村基础设施建设和公共服务完善，为农村经济可持续发展提供支撑。

第三节　生态效益

一、生态修复

我国是全球荒漠化、石漠化、盐渍化和水土流失最为严重的国家之一，尤其是西南、西北一些地区，大都土地贫瘠、干旱缺水，自然基础薄弱，有的还属于严重荒漠化、石漠化和盐渍化区域。在这些地区种植杂交构树，无疑可以助推这一问题的解决。对此，中科院方精云院士就在实地调研后表示，杂交构树对抵御地表径流、治理水土流失及阻止土地沙化有显著作用，有助于水土保持和石漠化治理，促进生态修复，保障生态安全。前些年国家"构树扶贫工程"在西南等地的实施也表明，通过发展杂交构树产业实施生态扶贫和生态治理，不仅可以为当前的脱贫摘帽作出独特贡献，还可以为当地生态系统的保护修复、促进当地生态环境持续改善和经济社会可持续发展提供有效解决方案。

二、造林绿化

由于种种原因，我国的国土绿化在取得举世瞩目成就的同时，也不同程度地存在着质量、效益不够理想等问题。其中一个重要原因是树种比较单一。杂交构树因其优良的生物特性已被实践证明为国土绿化的理想树种,正好可以通过发展杂交构树产业参与其中,作出贡献。资料显示,2012年,在北京市园林绿化局和北京林业大学联合启动的为首都平原百万亩造林工程提供科技支撑的课题研究中,杂交构树就被列入低耗、高抗、多功能造林的乡土树种,成为首都平原造林新品种、新技术和新材料集成应用及模式研究的重要内容。

三、环境治理

首先,用杂交构树饲料喂养畜禽的粪便可以直接加工成有机肥,或用于沼气发电,这是已被构树扶贫工程的实践证明了的一个客观事实,对于从根本上解决长期以来严重困扰我国畜禽养殖业发展三大难题之一的"环境污染"而言,无疑是一条有效途径。其次,杂交构树具有极强的释氧固氮、吸附二氧化硫、滞留烟尘、富集转移多种重金属、减少雾霾和酸雨生成等污染防治功能,这对于打赢污染防治攻坚战而言,其作用也不可小觑。譬如,2014年暑期由山东大学9名大学生组成的"微尘调研团",历时1个月对济南市区21种常见行道树单位叶面积滞尘量的测定数据就显示,杂交构树滞尘能力最强,达到15.52克/平方米。由此也表明,大力发展杂交构树产业,也不失为通过生物措施有效拓宽环境污染防治的一条新路径。

四、矿山复垦

我国是一个矿产资源大国。但是,长期以来由于开采方式落后,矿山开采过程中形成的露天采矿场、排土场、尾矿场、塌陷区,以及受重金属污染而失去经济利用价值的土地成为矿山废弃地,严重破坏了矿区的生态环境,也给周边地区带来了不同程度的环境污染和土地资源的减少。为了解决这一问题,我国政府十分重视矿山废弃地的生态恢复(复垦)工作。鉴于矿山废弃地生态恢复同所有生态系统的恢复一样,都是以植被恢复为前提,矿山废弃地植被恢复重建越来越受到国家相关部门的重视,适宜树种的选择则成为其中关键的一环。而由中国科学院植物研究所等机构在河北省唐山市迁安市、福建省三明市大田县等废弃矿山迹地进行的人工造林试验表明，杂交构树生命力、抗逆力强，而且速生，根系发达，侧根系分布幅冠大，形成网络状，具有很好的固土作用；且抗风防沙功能强，对粉尘、烟尘和二氧化硫等有毒气体抗性很强，不仅适宜在矿山迹地生长，而且其落叶和根系的根瘤菌具有很好的森林自肥效果，可以作为矿山废弃地植被恢复重建的首选树种。

第四节　农民就业增收

一、产业增收

发展杂交构树产业可以有效增加种植农户和养殖企业的收入。据国务院构树扶贫工程试点效益评估资料显示：贫困户单是种植杂交构树饲料原料林，当年每亩平均收入就可达到3000元左右，远远高于全株青贮玉米（1450元/亩年）、紫花苜蓿（1800元/亩年）的收入。其中，重庆云阳县东水蓝农业开发有限公司采取"送苗包收"方式，鼓励贫困户种植杂交构树，每亩年产杂交构树鲜枝叶6吨以上，公司按600元/吨价格收购，种植农户收入至少3600元/亩年，远高于当地种植玉米或红薯（900元/亩年左右）的收入。至于用杂交构树饲料养殖畜禽、水产品，由于品质好，有益于人类健康，其经济效益则更加可观。如：广西河池市环江县用杂交构树饲料喂养"环江菜牛"的价格与传统饲料养殖的菜牛相比，每头可增收50%~200%。重庆云阳东水蓝农业开发有限公司还在实现用杂交构树饲料喂养的黑猪售价比普通饲料喂养的同类猪肉高出50%以上的基础上，算了一笔总账：300亩杂交构树至少可养3000头黑猪，按保守价每头6000元计算，可创造价值1800万元，除去所有成本（按3000元/头计），可实现养殖利润900万元。

二、降本增效

发展杂交构树产业可以有效降低养殖业的生产成本。这是因为杂交构树一次栽种可连续收获15~20年，无须年年换苗、整地，还能保持水土，可节约种苗投入和管理成本；杂交构树在其生长过程中不必打农药，在其饲料制作过程中不必添加抗生素、瘦肉精等添加剂，可节省农药和添加剂开支；杂交构树饲料因其农残、重金属等有害物质远远低于传统饲料，能够大大提高畜禽、水产动物免疫力和健康度，可以减少动物防疫、治病的支出；用杂交构树饲料喂养的畜禽粪便经简单处理后即可变废为宝，作为有机肥还田利用，既可减少化肥费用，还可节省污染处理开支。据综合测算，相较于普通饲料，用杂交构树嫩枝嫩叶做畜禽、水产品的饲料，至少可使生产成本降低20%。

三、务工就业

可以为农民提供就地就业创业的机会。杂交构树产业是承工启农的中轴产业，它上带种植业、饲料工业，下连畜产品加工业，对劳动力具有较强吸纳能力，可以使广大农村富余劳动力就地转移，充分就业，进一步拓宽农民增收渠道。在一些有政府引导和龙头企业带动，大力发展"一乡一品""一县一特"等杂交构树生态农牧业特色支柱产业的地区，当地农民通过土地出租或入股分红、参与经营、务工等途径获得的收益，更是其他传统产业无法比拟的。

四、返乡兴业

由于杂交构树生命力强、适生范围广，而且长得快、产量高，还易于种植、便于管理，特别是杂交构树产业具有很好的经济效益，农民不需要离土离乡，只要在自己的土地上种植杂交构树饲料林，或者在自己的家乡创办杂交构树产业，或者就地就近参与杂交构树生态养殖产业的生产、经营，就可以获取很好的经济效益，自然受到杂交构树适生区域农民的欢迎。一旦他们从实践中了解到这种可以就地就近创业就业的良好机会，就会很快参与进来。譬如，前些年在云南、贵州一些实施构树扶贫工程的地方，有些外出打工的农民看到在家种植杂交构树的实际收入比在外打工还合算，就曾出现返乡种植杂交构树的现象。

第五节　促进科技进步

一、范式创新

国家战略、社会需求、人民福祉是科学研究的根本动力，杂交构树研发是这一思想的典型实践。在基础研究方面通过基因组学研究，首次获得染色体级别高精度构树全基因组，为高蛋白质木本饲用植物的研究和开发提供了重要的理论依据，也有助于进一步挖掘优良基因，为分子设计育种提供基础。科研人员利用CRISPR/Cas9等基因编辑技术对杂交构树进行基因改良，如对调控侧枝发育的TCP基因、叶片发育的WOX基因和叶色的CYP基因等进行编辑，以培育出枝多、叶茂、高产饲用型以及具有其他优良性状的杂交构树新品种。

在应用开发方面，单项突破与集成攻关相结合，带动产业链核心技术成套、完整发展。

精准种植技术：为了提高杂交构树的产量和质量，需要运用精准种植技术，如利用遥感、地理信息系统和全球定位系统等技术，实现对杂交构树种植基地的精准监测和管理，提高种植效率和资源利用率。

发酵技术改进：针对构树粗蛋白和水分含量高、不易保存的问题，研发出构树与玉米秸秆混合发酵等技术，既解决了构树饲料加工储存难题，又提高了饲料的营养价值。利用多菌种复合益生菌进行二次发酵技术，将杂交构树转化为蛋白质含量高、功能成分丰富的新型蛋白饲料。

饲料配方优化：根据杂交构树的营养成分特点，结合不同畜禽的营养需求，研发出各种优化的饲料配方，提高饲料的利用率和养殖效益。

智能养殖技术：在杂交构树养殖环节，智能化养殖技术也将得到更广泛应用。例如，利用传感器和监控设备实时监测畜禽的生长环境、健康状况和饲料消耗等，实现精准投喂、疾病预警和智能管理，提高养殖效益和产品质量。

废弃物处理与循环利用：杂交构树产业形成了"构树—饲料—畜牧业—粪

便—有机肥—构树种植"的种养循环模式,推动了畜禽粪便等废弃物的无害化
处理和资源化利用技术发展,减少了环境污染。

二、普及知识

杂交构树新兴产业的发展可以有效普及农业科技知识,增强农村干部群
众学科技、用科技的自觉性。创新驱动发展战略的核心是科技创新。杂交构树
生态养殖产业就是运用我国科学家科技创新的重大成果——全球首个高蛋
白、多功能杂交构树新品种发展起来的一个创新驱动型生态大产业。其最大特
点和优点,就是依靠科技创新驱动产业发展,促进科技成果转化为我国生态
养殖产业的现实生产力。实践表明,杂交构树的生物特性和饲用功能无论从检
测结果还是从实际效果看,均超出人们的预期。其对于推动当地干部群众进一
步确立"科学技术是第一生产力"的观念、促进科技知识普及推广、强化农业
科技支撑的重要作用,是可以想见的。

三、应用示范

杂交构树研发及其产业化,可以为我国相关领域发展生物科技和生物产
业、多渠道开发食物资源发挥示范作用。杂交构树生态养殖作为一个新兴的生
物产业,其源头来自中国科学院植物研究所沈世华研究团队成功选育的杂交构
树新品种——'科构101'。正是作为我国饲料原料新资源的杂交构树在我国畜
禽水产养殖中的良好表现告诉人们,它比普通饲料更具功能优势和发展潜力,
进而催生出杂交构树生态养殖这个新兴的生物产业,生产出颇具特色的健康
食物新品种,也彰显出生物科技、生物产业在构建多元化食物供给体系中的主
导作用。这对于目前正试图通过发展生物科技和生物产业构建多元化食品供给
体系的地区,无疑具有很好的借鉴和示范作用。

四、协同攻关

杂交构树产业涉及植物学、畜牧学、食品科学、环境科学等多个学科领

域，产业发展促进了这些学科之间的交叉融合与协同创新。同时，企业、科研机构和高校等主体围绕杂交构树产业开展产学研合作，建立研发平台和创新联盟，加速了科技成果的转化和应用。杂交构树生态养殖作为一个新兴的生物产业，目前还处于起步阶段，相关技术问题层出不穷，相关产业配套问题也不少；将来杂交构树生态养殖产业进入正常发展阶段后，也会有新的问题产生。而所有这些问题都只有随着杂交构树生态养殖产业的发展才能充分展开并得到解决。由此也表明，发展杂交构树生态养殖，恰恰是促进杂交构树生态养殖相关技术和配套措施的研发，进而推动杂交构树生态养殖产业迈上新的台阶，更是保障构建多样化食物供给体系的必经之路。

第六节　产业发展指数与产业创新指数

为更好、更直观地反映杂交构树产业发展趋势，帮助政府部门监测产业发展状况、制定和调整产业政策；帮助企业通过产业指标来判断市场趋势，制订发展战略；帮助研究者通过产业指标来分析和预测产业的发展规律和未来走向，在中国乡村发展志愿服务促进会指导下，根据国家有关产业指标编制通用规则和办法，确定了杂交构树产业发展样本企业，制定了产业发展指标、创新指标，得到杂交构树产业发展指数和产业创新指数。

一、样本企业

近年来，杂交构树产业经过市场化的发展过程，涌现出一批具有典型模式和示范引领作用的企业。这些企业通过全产业链布局、科技创新和联农带农机制，推动畜牧业高质量发展，同时助力乡村振兴与生态治理。目前，从事杂交构树产业的企业有100多家，在前期实地调研和提交报表资料的基础上，遴选出2024年度杂交构树产业发展样本企业30家，分布在15个省（区、市），河南省最多有6家，其次是重庆市有4家，北京市、河北省分别有3家，山西省、山东省、湖北省各2家，其余8个省（区、市）各1家；覆盖从研究开发、种苗培育、栽培种植、采收加工、饲料生产、畜禽养殖，到终端销售等完整产业链条。有的侧重于产业链的一个环节，或育苗、或种植、或养殖、或销售，多数为种养结合企业（见表6-1）。从当年统计结果来看，开展育苗业务的企业有7家，新增种植面积的企业有10家，生产鲜料的有12家、青贮发酵料的有13家、干料的有6家，全价料的有7家，养殖企业有20家（有的企业参与多个环节，会分别计数）。

表6-1　全国杂交构树产业样本企业（2024年）

序号	省（区、市）	企业名称	注册年份	主营业务
1	北京	中植构树生物科技有限公司	2016	育苗、种植、养殖
2		中科创构（北京）科技有限公司	2018	研发、育苗、销售
3		中乡同构（北京）农业科技发展有限公司	2023	销售
4	河北	石家庄金土地农业信息技术有限责任公司	2009	种植、养殖
5		河北北构农业科技有限公司	2020	养殖、销售
6		世润构泽(张家口)科技有限公司	2023	饲料、养殖
7	山西	山西中科宏发农业开发股份有限公司	2015	种植、养殖、销售
8		洪洞县旺霖种养有限公司	2015	种植、养殖
9	辽宁	大连中植环境生物科技有限公司	2004	研发、育苗、种植
10	浙江	温州市鲸头蔬菜种植专业合作社	2010	种植、养殖
11	安徽	安徽宝楮生态农业科技有限公司	2016	种植、养殖、销售
12	江西	江西赛汗农牧科技有限公司	2022	种植、养殖
13	山东	山东丰唐生态农业科技有限公司	2016	种植、饲料
14		中植构树（菏泽）生态农牧有限公司	2016	种植、养殖
15	河南	兰考盛华春植保服务有限公司	2016	种植、饲料
16		南召县京达新农农业科技有限公司	2016	种植、养殖
17		禾佳(洛阳)农业科技有限公司	2017	种植、饲料
18		河南盛华春生物科技有限公司	2019	饲料

序号	省（区、市）	企业名称	注册年份	主营业务
19	河南	太康县构树生态农牧有限公司	2021	种植、养殖
20		兰考县中颉运营管理有限公司	2024	育苗、种植、饲料、养殖
21	湖北	湖北习湾乡村旅游有限公司	2017	种植、加工
22		湖北小构叶生物科技有限公司	2018	种植、养殖
23	重庆	重庆市大足区立人生态农业发展有限公司	2011	种植、养殖
24		重庆市綦江区美莓园生物科技有限公司	2016	育苗
25		重庆东水蓝农业开发有限公司	2017	种植、养殖、销售
26		重庆友邻康生物科技有限公司	2019	饲料、养殖、销售
27	四川	四川构安香农业科技有限公司	2021	种植、养殖
28	贵州	贵州务川科华生物科技有限公司	2016	研发、育苗、种植、养殖
29	云南	云南程盈森林资源开发控股集团有限公司	2014	育苗、种植、养殖
30	新疆	新疆科构生物科技有限公司	2020	种植

说明：省（区、市）按行政区划排列，企业按照注册先后排列。

二、产业发展指标

产业指标是一系列用于评估和衡量产业发展状况的数据指标，是反映产业发展状况的重要工具，能够反映产业的规模、结构、效益以及发展质量，对于促进产业的健康发展、优化产业结构、提高产业竞争力具有重要意义。

1. 产业规模指标

杂交构树第一产业以种植为核心，延伸至饲草生产、生态修复、畜牧养殖及初级资源利用，主线形成"种植—饲料—养殖"一体化的循环农业模式，涉及农业、林业、畜牧业三大板块。产业规模指标包括：育苗数量、饲料种植面积、造林面积、嫩枝叶产量（饲料）、茎秆产量（打浆、生物质）、畜禽水产养殖等。

第二产业主要围绕第一产业初级产品进行深加工转化和工业化利用，以一产原料为基础，通过技术手段提升附加值，涵盖饲料、食品、造纸、能源、医药等多个领域，形成"原料—加工—产品"的产业链延伸。产业规模指标包括：青贮料、干料、全价饲料、茶叶、食品、饮品（酒）、日化品、纸浆、活性炭（质能）、保健药品等。

第三产业主要聚焦于服务与流通环节，将一二产业的资源转化为更高层次的经济、生态与社会效益，涉及政策金融、品牌营销、科技推广、生态旅游、文化创意等领域，实现从"产品生产"到"服务增值"的升级。产业规模指标包括：政策资信与金融服务、品牌营销与电子商务、科研合作与成果转化、技术咨询与培训服务、生态旅游与休闲农业、生态修复与碳汇服务、文化创意与科普教育、联农带农同乡村振兴等。

从30家标本企业填报的调研表统计来看，2024年组培育苗3360万株，种植3.8万亩，生产鲜料3.8万吨、青贮料4.3万吨、干料7097吨、全价料5.6万吨，养殖生猪9.4万头、肉牛6417头、肉羊5955只、肉鸡35万羽、蛋鸡5.9万羽。总产值8.8亿元，其中第一产业产值6.5亿元，第二、第三产业产值2.3亿元，一产比重大，二三产比重小，为2.6：1。联农带农成效显著，直接解决就业6363人，带动3000户以上的农户增收致富。

表6-2 杂交构树产业规模指标（2024年）

产业分类	产业指标	数值	产值（万元）
第一产业	育苗（万株）	3360	5261
	饲料种植面积（亩）	38149	
	鲜枝叶产量（吨）	38250	2393
	猪（头）	93870	39196
	肉牛（头）	6417	11424
	肉羊（只）	5955	772
	肉鸡（万羽）	35	4537
	蛋鸡（万羽）	5.88	2156
	总产值（万元）		65739
	从业人数（人）	5280	

产业分类	产业指标	数值	产值（万元）
第二、第三产业	青贮料（吨）	43293	4073
	干料（吨）	7097	4850
	全价饲料（吨）	55977	13162
	茶叶（千克）	17500	618
	食品（千克）	10000	24
	酒（千克）	5000	189
	技术服务（项）	2	100
	总产值（万元）		23016
	就业人数（人）	1083	

2. 产业结构指标

反映产业内部的构成情况，主要是初级农产品年产量，加工后的主要产品的量、占比等，以及它们的比例、产业链上下游关系等。

从表6-3结果可知，杂交构树主要用途是连枝带叶加工饲料应用于养殖，初级产品鲜料主要加工成全价饲料，占66.1%，其次是青贮发酵料占20.4%，干料占13.5%。

表6-3　杂交构树产业结构指标

产业类别	初级产品年产量	加工后主要产品量	加工后产品占比	产业链上下游关系
饲用养殖	鲜料：211623吨	青贮料：43293 吨	青贮料占比：20.4%	上游：杂交构树种植园提供鲜枝叶原料。 中游：将鲜枝叶加工为青贮发酵料、干料、全价饲料，或茶叶、面条、米干、馒头、粽子等食品。 下游：饲料养殖畜禽水产品，生产肉蛋奶，通过销售渠道进入市场或直接面向消费者
		干料：7097 吨	干料占比：13.5%	
		全价料：55977 吨	全价料占比：66.1%	
饮用食用	鲜叶：162吨	茶叶：17.5吨	茶叶占比：53.7%	
		食品：15吨	食品占比：46.3%	

3. 产业效益指标

产业效益指标包括年销售额、年成本、年上缴税收、年利润、年资产收益率、年市场份额或占有率等,用于评估产业的经营成果和市场表现。

表6-4　杂交构树产业效益指标

指标名称	数值	计算方式	数据来源
年销售额（万元）		销售产品或服务的总收入,包括现金销售、应收账款等	财务报表中的销售收入科目
年成本（万元）		生产、运营过程中产生的各项成本总和,如原材料采购、员工薪酬、设备折旧、水电费等	财务报表中的成本类科目汇总
年上缴税收（万元）		依据国家税收政策缴纳的各类税款,如增值税、所得税、营业税等	完税凭证记录
年利润（万元）		年销售额减去年成本和年上缴税费后的余额,即年利润 = 年销售额 − 年成本 − 年上缴税费	财务报表中的利润表数据计算得出
年资产收益率（%）		（年利润 ÷ 年平均资产总额）× 100%,其中年平均资产总额 =（年初资产总额 + 年末资产总额）÷ 2	财务报表中的资产负债表和利润表数据计算
年市场份额或占有率（%）		（本企业年销售额 ÷ 所在行业年销售总额）× 100%,行业年销售总额可通过市场调研机构数据、行业协会统计等获取	企业销售数据与行业销售数据对比计算

说明: 用于评估产业的经营成果和市场表现,2024年尚未全面统计,故表中无数值。

4. 产业发展指标

一是新增生产能力指标,包括新增固定资产投资额、技术改造投资额、年新增专利和新增研发品种、年新增生产量等。二是创新建设指标,包括年新增研发投入经费、年培养人才数等。用于衡量产业的长期发展潜力和竞争优势。

表6-5　杂交构树产业发展指标

指标分类	指标名称	数值	数据获取途径
新增生产能力指标	新增固定资产投资额（万元）		企业财务报表、固定资产投资统计报表、项目投资计划书及验收报告等
	技术改造投资额（万元）		企业财务记录、技术改造项目预算与决算文件、专项审计报告等

续表

指标分类	指标名称	数值	数据获取途径
新增生产能力指标（个）	年新增专利数（项）		国家知识产权局专利数据库检索、企业专利管理台账
	年新增研发品种		企业研发部门项目记录、新品研发报告及产品注册或备案文件
	年新增生产量（吨/件）		企业生产统计报表、库存管理系统数据对比分析
创新建设指标	年新增研发投入经费（万元）		企业财务的研发费用明细科目、专项研发经费审计报告
	年培养人才数（人）		企业人力资源部门的培训记录、人才发展档案、培训结业证书统计

说明：2024年尚未全面统计，故表中无数值。

三、产业发展指数

产业发展指数按年进行计算。以报告期（每年）和基期相对比的相对数来表示，指数值大于100，则产业发展水平相较于基期有所提高；指数值小于100，则反之；指数值等于100，则报告期产业整体发展水平与基期水平相近。

1. 样本指标确定

选择13项样本指标：种植面积（8分）、年种植产量（9分）、年养殖产量（9分）、种植养殖业从业人数（8分）；年加工总产值（10分）、年销售额（10分）、加工销售就业人数（8分）、年上缴税收（5分）、年利润（8分）、年资产收益率（6分）；年新增资产投入（5分）、年研发经费投入（8分）、年申请专利（6分）。共计100分。

2. 基期基准指数确定

以2024年为基期年，指数确定为100。计算方法是：将30家样本企业的13项样本指标分别加和，作为基期数据，按照对应的满分值确定。

3. 产业发展指数计算

按报告期（2024年度）30家样本企业的样本指标加和数与基期年2024年进行对比，乘以对应分值，得出报告期样本指标分数，最后将13项指标得分加和,即为报告期产业发展指数。

四、产业创新指数

产业创新指数是反映不同时期产业创新能力的指标,以报告期(年度)和基期相对比的相对数来表示,指数值大于100,则产业创新程度相应基期有所提高;指数值小于100,则反之;指数值等于100,则报告期产业创新程度与基期相近。

1. 样本指标确定

选择6项样本指标:新增固定资产投资额(含技术改造)(18分)、年新增研发投入经费(18分)、年新增专利(16分)、新增研发品种(16分)、年新增生产量(16分)、年新增培养人才数(16分),共计100分。

2. 样本企业数确定

考虑同产业不同地区、不同生产类型、不同产品,选取30家为样本企业(每两年调整一次,以确保样本的代表性)。

3. 基期基准指数确定

以2024年为基期年,指数确定为100。计算方法是:将30家样本企业的6项样本指标分别加和,作为基期数据,按照对应的满分值确定。

4. 产业创新指数计算

按报告期(年度)30家样本企业的样本指标加和数与基期年2024年进行对比,乘以对应分值,得出报告期样本指标,最后6项指标加和,即为报告期产业创新指数。以2025年产业创新指数计算为例进行说明。

2025年新增固定资产投资指标=2025年固定资产加和值×20分/2024年加和值;其他5项指标依次计算。

2025年产业创新指数=2025年分别计算的6项指标之和。

第七章

杂交构树产业发展
趋势与对策

第一节　产业发展趋势

各地实践表明，杂交构树产业自2014年作为国务院扶贫办十大"精准扶贫工程"之一的产业化项目走上我国农牧业发展的历史舞台以来，经历多年的发展，在助力脱贫攻坚的同时，还通过自己的实践探索，为有效破解长期以来我国养殖行业面临的"蛋白饲料奇缺""食品安全堪忧""环境污染严重"三大制约瓶颈，取得了积极的成果，积累了丰富的经验，为促进我国养殖产业健康可持续发展初步展现出广阔的发展前景。

杂交构树产业扶贫工程在我国打赢脱贫攻坚战中作出了积极贡献，已经完成了它的历史使命。目前，在接续推进巩固拓展脱贫攻坚成果与乡村振兴有效衔接的历史背景下，杂交构树产业正处在由服务于国家脱贫攻坚战略、着力满足贫困农户脱贫致富需求向着服务于国家乡村振兴和食品安全战略、着力满足全国城乡居民多样化优质健康食品需求的历史性转变中。杂交构树产业作为实施乡村振兴和食品安全战略的重要抓手，又将迎来一个加快发展的历史机遇期。

基于对杂交构树优良的生物特性和功能优势的科学认知，以及杂交构树产业初步展现出的对于满足城乡居民日益增长的多样化优质健康食品需求的广阔前景，加之2024年《政府工作报告》关于"加快发展新质生产力"工作任务的提出，人们有理由相信，在今后一个不会太长的历史时期，我国杂交构树产业发展必将呈现出日益向好的"六大趋势"：

一、产业区域将逐步拓展

首先，是饲用杂交构树种植区域的拓展：一是由贫困地区农村逐步拓展至条件适宜的广大农村；二是由在一般耕地种植逐步拓展至条件适宜的大量边际土地种植，如荒山、荒沟、荒丘和荒滩"四荒地"，路旁、水旁、村旁和宅旁

"四旁地"等；三是结合生态环境治理，拓展至在条件适宜的荒漠化、石漠化、沙漠化、红漠化、盐渍化土地和城市、工矿、采石废弃地等环境进行生态修复种植；四是配合国家共建"一带一路"倡议，在条件适宜的共建"一带一路"国家和地区种植。

其次，是杂交构树养殖区域的拓展：一是由贫困地区的养殖农户和养殖企业拓展至条件具备的广大农村，特别是畜牧业大省的广大农村；二是由农区拓展至牧区，特别是内蒙古、新疆、甘肃、宁夏、青海、西藏等传统牧区，其中有些地方或许并不适宜杂交构树种植，但是随着杂交构树种植在其他区域的扩大和杂交构树饲料供应链向广大牧区的不断延伸和完善，决定了杂交构树养殖产业向这些区域的逐步拓展，同样是可以预期的。

二、产业链条将逐步延伸

首先，是杂交构树生态种养产业将由"种养分离"逐步延伸、发展成"种养循环"，从而在相关企业内部或相关区域内部形成一个融育苗、种植、饲料加工、畜禽水产养殖、终端产品销售和养殖粪便还田再利用等诸多必要环节为一体的完整产业链，是实现产供销一体化的有效衔接和协调发展。

其次，是随着杂交构树多种功能的逐步开发利用，杂交构树产业还将逐步向菌菇养殖、食品与饮料、保健品与化妆品、生物制药、制浆造纸、人造板、生物制炭、精细林化工、生物质能源、生态治理与国土绿化、有机肥生产、机械制造等诸多产业延伸，形成一个以杂交构树为源头、各分支产业紧密衔接的超大型杂交构树集群。

最后，是随着杂交构树农林牧渔等一产规模化、集群化发展，推动向工业加工、提取、制造等二产，以及销售、金融、文旅、康养等三产融合发展，逐步形成三产促二产、二产带一产的高质量发展态势。

三、内生动力将逐步增强

回顾杂交构树产业发展的历程，在"构树扶贫工程"实施初期，各地参与企业和相关农户由于不了解杂交构树优良的生物特性和功能优势，对杂交构树产业发展的前景心中无数，大多处于"要我干"的被动状态，其中抱有"试试看"、"撞大运"甚至"钻政策空子"心理的企业家也大有人在。如今，随着"构树扶贫工程"的推行，杂交构树产业发展的经济、社会和生态效益的初步显现，特别是受一批依靠自己的力量坚持至今、发展良好的杂交构树种养循环企业的示范带动作用的影响，将有越来越多的杂交构树企业相继由"要我干"的被动主体转变为"我要干"的自觉主体，许多因对杂交构树产业缺乏科学认知、曾一度持观望态度的企业将主动参与到杂交构树产业发展的行列中来。

此外，一些由于种种原因导致原有产业发展受阻、急需产业转型的企业也将受"内生动力"的驱使，有选择地转向发展杂交构树产业。

四、产业规模将逐步扩大

以饲用功能开发应用为主旨的杂交构树生态养殖产业将由小型、分散、粗放、低效的中低端企业逐渐向集约、高效的大型企业发展。未来几年，将在全国范围内陆续出现一批杂交构树生态养殖领域的大型乃至超大型龙头企业，其中即将产生一批以杂交构树为原料来源的杂交构树生态饲料产业巨头和一批以营养丰富、无抗养殖、食品安全为特征的杂交构树生态养殖产业巨头，还将产生涵盖杂交构树生态养殖产业全产业链、真正实现种养循环的大型甚至超大型产业集团，成为一定区域乃至全国杂交构树生态养殖行业发展的龙头企业。

与此同时，杂交构树除饲用功能以外的多功能开发也将出现一个新的局面。最近几年，除肉、蛋、奶和水产品以外，以杂交构树为源头的食品与饮料（包括菜蔬、菌菇、茶叶、饮料等）产业，生态环境治理（包括防沙治沙、盐碱地治理、矿山修复等）与国土绿化产业将得到较快发展。在人们可以预见的一个不太长的时期内，保健品与化妆品产业、生物制药产业、生物制炭产业、精细林化工产业、生物质能源产业，将陆续登上我国生态产业发展的历史舞台；制浆造纸、人造板等传统产业将逐步转型升级。其间，有机肥生产、机械制造等相关产业将得到适应性同步发展。一个多功能、超大型,兼具经济、社会、生态效益的杂交构树生态产业集群将随着这些分支产业的发展逐步形成。

五、发展模式将逐步完善

今后几年,一个有利于调动广大企业(尤其是大型龙头企业)和村农业合作社或农村种养大户"两个积极性""两条腿走路"的杂交构树产业发展模式将应运而生。

首先,是在实施"构树扶贫工程"中形成的"自主种植""入股分红""务工就业""种养联动""企业带动"等小型、分散、低效、产供销脱节的带贫发展模式将逐步被"龙头企业+基地+农户或农业合作社+终端产品销售"的"产供销"一体化的大型、高效、集约化经营的产业发展模式取代。原带贫模式中的合理成分将被充分吸纳到新的产业发展模式中来。

其次,是各地还将因地制宜,逐步形成一批以县乡政府为主导、以村农业合作社或农村种养大户为单元、以订单农业为特征的自种、自养、自销的"抱团取暖"的发展模式。

六、市场拉动将逐步加大

可以肯定的是,随着杂交构树生态养殖产业的大发展,其终端产品(包括肉蛋奶和各类水产品)的销售将逐步迎来一个由目前的高端、小众消费向未来的普通、大众消费扩大的历史性转变。这既是杂交构树产业发展的大趋势,也是其为广大城乡居民提供优质健康安全食品的初心之所在。

还可以肯定的是,随着上述杂交构树生态养殖产业终端产品消费群体的扩大,必将反过来更加有力地拉动其产业链的发展,进而实现其产业链供应链的良性循环。在此情况下,如何实现产销对接,必将成为充分发挥市场对产业发展决定性作用的关键环节。

第二节　存在主要问题

一、社会认知缺乏

杂交构树产业自从作为"构树扶贫工程"的主体产业诞生以来，一直以扶贫为主旨，各项工作主要靠国家扶贫政策推动，并大多以文件和会议的形式进行传播推广，很少通过大众传媒开展舆论宣传，即使在特定的时间节点上进行有限度的宣传，也只是突出扶贫主题，而不涉及杂交构树产业发展本身的内在规律、相关知识及其广阔前景，加之宣传手段单一，宣传范围又往往局限于扶贫工作系统内部和"构树扶贫工程"试点区域，社会认知度十分有限。另外，在实施"构树扶贫工程"后期，一些地方政府误将自然资源部和农业农村部〔2019〕1号文件关于"永久基本农田不得种植杨树、桉树、构树等林木"的表述中作为林木的"野生构树"混同于作为饲料原料来源的"杂交构树"，杂交构树产业一度处于严重衰退状态，对其进行正面宣传更是无从谈起，致使到目前为止，尽管杂交构树产业发展得到一定程度的恢复，其社会认知度和国家相关部门的重视程度仍然不高，不少社会公众，包括相关领域的一些党政领导干部，甚至根本不知道杂交构树为何物，更不知道杂交构树产业作为一个新兴产业对于贯彻落实国家乡村振兴和食品安全战略、促进我国经济社会发展具有怎样的作用。

二、土地利用不够

一是在耕地利用上，相关政策仍然不够明确。2014年12月3日，国务院扶贫办发布精准扶贫工程时，把杂交构树产业扶贫工程称为"构树扶贫工程"。2019年1月3日，自然资源部和农业农村部《关于加强和改进永久基本农田保护工作的通知》（自然资规〔2019〕1号）文件中规定"永久基本农田不得种植杨树、桉树、构树等林木"，这里的构树指的是野生构树，为了支持"构树扶贫工程"、区别于"杂交构树"的不同,国务院扶贫办、农业农村部和自然资源部于2019年11月8日印发的《关于构树扶贫试点工作指导意见的补充通知》,明确允许杂交构树在一般耕地上可作为饲料种植,尽量避开永久基本农田。尽管如此,到目前为止相关主管部门仍然没有就扶贫试点结束以后杂交构树作为饲料原料种植能否享受苜蓿、青贮玉米等饲料用地的同等政策作出明文规定,致使许多杂交构树种植企业仍然担心用地政策不稳定而裹足不前,进而使杂交构树产业发展严重受阻。

二是在林地利用上,相关政策尚未跟进配套。人们注意到,在2019年2月14日国家林业和草原局印发的《关于促进林草产业高质量发展的指导意见》中,首次将建设木本饲料(内含杂交构树、饲料桑等——笔者注)经济林基地作为重点工作,列入推动经济林产业提质增效的示范基地建设范围。但是,迄今为止,还未见国家林业和草原局关于发展杂交构树等木本饲料的配套政策出台。

三是在边际土地利用上,仍处于政策模糊地带。按理说,无论是从国家层面还是从地方政府层面,均应对相关企业和农户在条件适宜的荒地、瘠地、旱地、沙地、河滩地、盐碱地等边际土地上种植杂交构树给予鼓励和扶持。然而,现实情况却是,这些边际土地分属于不同部门管理,常常出现有的支持、有的反对、有的不予理会的状况,相关土地利用一直处于政策模糊地带,使得一些参与杂交构树产业发展的企业和农户无所适从。

四是在荒漠化、石漠化、沙漠化、红漠化、盐渍化土地治理的利用上,缺乏鼓励措施。到目前为止,国家对这些土地治理均有明确的扶持政策,而对于利用条件适宜的荒漠化、石漠化、沙漠化、红漠化、盐渍化土地种植杂交构树却没有明确的鼓励和扶持措施,致使杂交构树在这些区域的种植仍然很少有人问津,处于"基本空白"的状态。

三、企业带动不力

缺乏龙头企业带动,是目前我国杂交构树产业面临的又一个突出问题。究其原因，主要是缺乏构建完整的杂交构树产业链和实施大规模生产经营的资金支持。其中又分三种情况：一是早期只为"挣扶贫钱"而参与杂交构树产业开发的企业，随着脱贫攻坚告一段落，缺乏继续投资的热情。二是当下仍在坚持杂交构树产业生产经营的企业，尽管在不同区域和不同程度上获得一定的成功，但一时还不具备在短时间内构建完整、高效、可资大范围推广的杂交构树产业链和大规模扩大再生产的实力，难以形成可以带动较大区域乃至全国杂交构树产业大发展的龙头企业。三是现有非杂交构树饲料喂养的专业养殖龙头企业，由于对杂交构树产业缺乏应有的科学认知，加之相关利益链的制约，至今仍缺乏以大额度资金投入杂交构树产业发展的决心和信心。

四、市场准入欠缺

自"构树扶贫工程"实施以来，杂交构树除了作为饲料原料新来源外，还在不同地区和不同企业开发出形式多样、种类繁多的食品、保健品和药品，一些地方还将杂交构树用于荒漠化防治、盐碱地改造和废弃矿山修复等生态环境治理。但是，到目前为止，杂交构树除了被农业农村部正式列入"饲料原料目录"外，其他方面的应用均因缺乏相关标准和专家论证而没有获得相关部门的认可。其中，食品、保健品和药品没有获得市场准入必备的相关资质——由国家相关部门颁发的"新资源食品目录""药食同源植物目录"，难以办理食品、保健品、药品等生产经营许可证。在知识产权品种保护方面，杂交构树也没有正式列入国家相关部门的"新品种审定目录"。

目前，上述问题已经成为杂交构树产业进一步发展的严重制约因素。

第三节　几点对策建议

一、提高产业定位

综上所述，杂交构树生态农牧业是建立在我国科学家独立研发、具有完全自主知识产权的全球首个高蛋白、多功能杂交构树新品种这一重大前沿生物科技突破基础上，顺应国家乡村振兴、食品安全等重大战略需求，代表未来我国种养循环生态无抗养殖发展新方向的新兴产业。尽管目前尚处于成长初期，但未来发展潜力巨大，对于树立和践行大农业观、大食物观，推动全国畜禽水产养殖行业全面绿色低碳转型，不断满足人民对高品质美好生活的需求具有重大带动和引领作用。为此，建议党中央、国务院站在全面实施国家相关重大战略、加快形成新质生产力的高度，把杂交构树生态养殖产业确定为国家战略性新兴产业，并将其作为贯彻落实共建"一带一路"倡议的重要内容和有力抓手。

二、加强社会认知

建议通过国家报刊、电台、电视台、通讯社等中央主流媒体，以及相关网站、融媒体、公众号等方式，加大杂交构树生态养殖产业、产品、科技、人物、故事等方面的宣传报道。开设杂交构树生态养殖产业专网、专刊、专栏等，定期或不定期发布、发表杂交构树生态养殖产业相关信息。通过举办杂交构树生态养殖产业职业院校、培训班、实训班、现场观摩、讲座、会议等形式普及相关科技知识，传授技能技术。通过对相关项目、团队、单位、集体、人物、成果等的选比评优、表彰奖励等活动，增强杂交构树生态养殖产业的社会影响力，提高知名度和美誉度。

三、保障土地利用

一是建议自然资源部按照国务院办公厅2020年31号文件《关于促进畜牧业高质量发展的意见》，在"健全饲草料供应体系"中"开发利用杂交构树、饲料桑等新饲草资源"的要求，明确将木本饲草料种植土地纳入饲料用地优先范围。同时积极倡导、推动在条件适宜的各类边际土地种植杂交构树，出台相应鼓励政策。

二是建议农业农村部在制定实施全国畜禽水产养殖产业发展规划时，把杂交构树生态农牧业作为产业发展的新方向、新路径，放在更加突出的位置，把饲用杂交构树种植作为"扎实推进粮改饲，建设高产稳产饲草料基地"的重要组成部分。同时，充分发挥杂交构树年亩产净蛋白总量大大高于大豆、苜蓿年亩产净蛋白总量的独特优势，大力开展用饲用杂交构树推进"玉米、豆粕减量替代行动"，使其发挥更大的作用，缓解"人畜争粮"矛盾。

三是建议国家林业和草原局抓紧出台与前述《关于促进林草产业高质量发展的指导意见》相衔接的关于发展杂交构树、饲料桑等木本饲料的配套政策。同时，按照国务院办公厅2020年31号文件提出的"开发利用杂交构树、饲料桑等新饲草资源"的要求，明确将杂交构树种植纳入木本饲料和经济林范畴，将杂交构树种养循环产业作为继木本粮油、林下经济后林业产业发展的新方向、新途径，加大林地支持力度，依法依规办理林地使用手续，享受与木本粮油的同等政策；把在条件适宜的荒漠化、石漠化、沙漠化、红漠化和盐渍化土地种植杂交构树列入生态治理和国土绿化行动的优选树种目录，并从政策、资金等方面给予倾斜。

四是建议国家相关部门站在共建"一带一路"倡议的高度，立足统筹利用好国际国内两个市场、两种资源，把杂交构树生态养殖产业列入"一带一路"合作项目，确定合作对象，派出技术专家，引导、鼓励、支持有实力的企业通过土地租赁、投资合作等方式，在条件适宜的共建"一带一路"国家和地区建立杂交构树种植、饲料生产、畜禽水产养殖和产品加工销售基地，稳步推进杂交构树生态农牧业对外合作。

四、做好企业带动

实践表明，唯有鼓励支持对杂交构树良好的生物特性和功能优势达到深刻的科学认知、对杂交构树产业发展前景充满信心，又具有强烈家国情怀和一定经济实力的企业才能成为真正意义上的龙头企业，才能打造集杂交构树培育、种植、饲料加工、养殖、终端产品销售于一体的大规模、高效益、集约经营的杂交构树生态养殖产业集群，进而成为引领一定区域乃至全国杂交构树生态产业大发展的重要引擎。其重要前提条件则是大额、可持续的资金投入。

为此，建议财政部协同国家税务、金融管理部门出台扶持和鼓励杂交构树生态产业大发展的财政、税收和金融政策及相关扶持措施，并在必要时设立杂交构树生态养殖产业发展基金，从银行、信贷、证券、保险等方面推出系列金融产品。

同时，建议农业农村部和财政部等相关部门每年在优选、安排"农业科技产业园""农业特色优势产业园""农业产业强镇建设"等各类重大项目时，尽力把杂交构树产业项目纳入遴选范围，并在基本条件具备的前提下，给予适当倾斜。

五、制定市场准入

相关申报工作的前提是要在相关部门的指导下，尽快把杂交构树产业发展的行业组织——杂交构树产业联盟或杂交构树产业协会成立起来。一旦条件成熟，即可以该组织的名义建议相关部门及时组织开展杂交构树生态养殖系列产品的科学认定评定，并在此基础上向相关机构提出市场准入资质的申请。

为此，建议农业农村部、国家卫生健康委、国家市场监督管理总局等相关部门及时组织指导中立、公正、权威的认定机构，对杂交构树的苗木、饲料、产品等进行客观公正的评定，公布认定、评定结果，增强杂交构树生态养殖和生态治理产业及其产品和品种的公信力。当前，首先要对符合条件的杂交构树系列食品（包括新资源食品、药食同源食品等）和参与生态环境治理相关树种及时组织技术认证和专家评审，争取尽快公布食品目录和品种目录，发放相关食品和产品市场准入的必要资质和生产经营许可证。

附录

2024年杂交构树产业发展大事记

一、相关政策

1. 《产业结构调整指导目录（2024年本）》，国家发展和改革委员会令第7号，2023年12月27日公布，自2024年2月1日起施行（杂交构树收获机械）。

2. 《关于印发肉鸡、蛋鸡、肉鸭和奶牛饲用豆粕减量替代技术要点的通知》，中华人民共和国农业农村部发布，2024年12月31日。

二、重要研究项目

1. 项目来源：科技部国家重点研发计划；项目名称：杂交构树产业关键技术集成研究与应用示范；项目负责人：沈世华；项目牵头单位：中国科学院植物研究所；执行期：2021年6月—2023年12月；验收日期：2024年8月3日。

2. 项目来源：贵州省科学技术厅；项目名称：高蛋白型杂交构树培育及栽培关键技术示范与推广；项目负责人：冉贤；项目牵头单位：贵州务川科华生物科技有限公司；执行期：2021—2023年；验收日期：2024年8月。

三、重要成果

1. 沈世华主编，黎祖交、罗朝立、熊伟副主编，《中国杂交构树产业发展蓝皮书（2023）》。研究出版社，2024年7月1日。

2. 马涛等，《畜禽饲用豆粕减量替代和低蛋白日粮技术》。中国农业科学技术出版社，2024年11月。

3. 中国农业机械化科学研究院集团有限公司，《杂交构树机械化收获与技术装备》，科学技术成果评价报告，中农机（评价）字〔2024〕第3号。

4. 安徽华好生态养殖有限公司、安徽农业大学，"构树饲料化开发关键研究与示范"，安徽省科技成果登记证书，登记号2024F023Y00002201，安徽省科技厅。

四、重要活动

1. 乡村振兴工作委员会调研安徽宝楮生态农业科技有限公司。2024年3月26日，安徽省霍邱县。

2. 沈世华。以树代粮、种养循环——研发杂交构树，破解饲料难题，构建新型牧业。中国科学院老科协学术沙龙。2024年5月9日，北京。

3. 沈世华。杂交构树产业关键技术集成研究进展。第二届中国乡村特色优势产业发展大会杂交构树产业发展论坛。2024年10月12日，北京。

4. 屠焰。杂交构树饲料化利用技术。第二届中国乡村特色优势产业发展大会杂交构树产业发展论坛。2024年10月12日，北京。

5. 赵曦然。杂交构树饲料资源开发及其在畜禽健康养殖中的应用。第二届中国乡村特色优势产业发展大会杂交构树产业发展论坛。2024年10月12日，北京。

6. 陈艳。杂交构树产品销售平台公司发展情况。第二届中国乡村特色优势产业发展大会杂交构树产业发展论坛。2024年10月12日，北京。

7. 熊伟。构饲：中国改变世界的革命。第二届中国乡村特色优势产业发展大会杂交构树产业发展论坛。2024年10月12日，北京。

五、社会影响

2024年3月6日，《绿色中国》："建议从国家层面推动杂交构树生态养殖产业大发展"

2024年5月23日，中国科学院老科学技术工作者协会简报〔2024〕第七十五期（总第1035期）："'以树代粮'——研发杂交构树、构建新型牧业破解饲料难题"

2024年8月14日，美姑宣传："上海麦金地集团股份有限公司来美姑考察座谈"

2024年10月13日，中国乡村振兴："第二届中国乡村特色优势产业发展大会杂交构树产业发展论坛在京举行"

2024年10月15日，《中国绿色时报》："特色优势产业助力乡村振兴"

2024年10月23日，大江网："泰和：小乌鸡'孵'出富民大产业"

2024年11月10日，中国农科新闻网："科技赋能乡村振兴，助力蒲城现代农业产业园落地"

2024年12月16日，新华网："张家口市蔚县杂交构树生猪养殖座谈会在京召开"

2024年12月17日，《绿色中国》："杂交构树寒旱盐碱地种植成功 发酵饲料养猪日增重1.1千克"

2024年12月25日，人民网四川频道："自贡荣县农民创业协会：明年实施'四大行动'助力乡村振兴"

2024年12月31日，《绿色中国》："杂交构树在新疆盐碱戈壁滩试种成功"

参考文献

[1] 陈彦伶、田雄、周晓敏等：《留茬高度对饲用杂交构树产量与营养品质的影响》，《贵州畜牧兽医》2014年第6期，第25—28页。

[2] 陈月锋、宋占华、董世平等：《自走式杂交构树收割机设计及试验》，《农业工程》2023年第7期，第89—96页。

[3] 杜淑清、秦巧梅、马超等：《杂交构树发酵饲料饲喂土猪的应用研究》，《猪业科学》2023年第12期，第44—46页。

[4] 宫斌、檀论、侯坤等：《杂交构树青贮对奶公牛生长性能、营养物质表观消化率和瘤胃发酵参数的影响》，《动物营养学报》2023年第6期，第3771—3779页。

[5] 郭升岚、毕小兵、毕研亮等：《不同含水量和糖蜜添加量对青贮杂交构树发酵品质、营养成分和瘤胃降解特性的影响》，《动物营养学报》2024年第3期，第2010—2021页。

[6] 黄江丽、王景升、毛春瑕等：《杂交构树青贮对湖羊瘤胃体外发酵的影响》，《饲料研究》2023年第4期，第16—20页。

[7] 李常营、徐兰梦、何航等：《发酵杂交构树对四川白鹅生产性能、生理生化指标和肉品质的影响》，《西南大学学报（自然科学版）》2024年第12期，第71—83页。

[8] 李建国、王强、韩梅等：《杂交构树养鹅生态高效模式研究》，《中国畜牧兽医》2019年第10期，第3221—3225页。

[9] 李伟、陈雪、王子健等：《杂交构树叶粉对鳙鱼生长性能、免疫功能及相关基因表达的影响》，《南方水产科学》2020年第2期，第41—49页。

[10] 黎祖交：《建议从国家层面推动杂交构树生态养殖产业大发展——从学习

贯彻2024年中央一号文件想到的》，《绿色中国》2024年第5期，第8—17页。

[11] 刘玉、林萌萌、张琰丽等：《发酵杂交构树饲料对青脚麻鸡生长性能、屠宰性能及肌肉氨基酸含量的影响》，《畜牧与兽医》2023年第9期，第37—41页。

[12] 吕家英、王义翔、侯国庆等：《阿魏酸酯酶与植物乳杆菌联合接种对杂交构树发酵品质的影响》，《饲料研究》2025年第5期，第121—125页。

[13] 蒋兵兵、闫灵敏、陈谭星等：《发酵杂交构树叶对海兰褐蛋鸡生产性能、蛋品质、血清生化指标和肠道组织形态的影响》，《饲料研究》2023年第16期，第43—48页。

[14] 纪鑫、张美琴、曹文明等：《杂交构树叶粉对草鱼生长性能、体组成和肌肉品质的影响》，《大连海洋大学学报》2019年第2期，第172—179页。

[15] 屠焰、刁其玉、张蓉等：《杂交构树叶的饲用营养价值分析》，《草业科学》2009年第26期，第136—139页。

[16] 屠焰、刁其玉、田莉等：《杂交构树营养成分瘤胃降解特点的研究》，《中国畜牧杂志》2009年第11期，第38—41页。

[17] 王强、雷婷婷：《杂交构树与蛋白桑在安塞区适应性、产量和营养成分分析试验研究》，《现代畜牧科技》2024年第6期，第67—69页。

[18] 王汝霞、梁晓晓、牛凯敏等：《发酵杂交构树粉对宁都三黄鸡胸、腿肌发育指数及肉质性状的影响》，《饲料研究》2022年第1期，第48—52页。

[19] 魏攀鹏、蒋兵兵、王兆贵等：《杂交构树全株粉对肉兔生长性能、肉品质、血清生化指标和肠组织形态的影响》，《饲料研究》2024年第22期，第59—65页。

[20] 魏攀鹏、闫灵敏、屈伟等：《杂交构树叶对大午金凤蛋鸡产蛋初期蛋品质的物理性状和营养成分指标的影响》，《畜牧与兽医》2023年第12期，第27—36页。

[21] 吴璇、张正帆、郭春华等：《杂交构树、玉米秸秆青贮和燕麦青干草不同配比的体外消化特性及组合效应》，《中国饲料》2020年第1期，第29—35，40页。

[22] 闫灵敏、高正龙、蒋兵兵等：《发酵杂交构树对海兰褐蛋鸡生产性能、蛋品

质和小肠组织形态的影响》，《饲料研究》2023年第3期，第42—46页。

[23] 杨朝阳、徐鹏、苑铁键等：《杂交构树低温干燥特性及品质研究》，《中国农业科技导报》2024年第11期，第157—170页。

[24] 杨光、李永兴、王晓东等：《杂交构树养鹅技术模式初探》，《河南畜牧兽医》2020年第4期，第4—7页。

[25] 张建军、崔义、王伟等：《杂交构树叶粉对肉鹅生长性能和肉品质的影响》，《中国家禽》2021年第14期，第41—45页。

[26] 张宏利、马君军、梁瑜等：《全株发酵杂交构树替代豆粕对育肥猪生长性能、肉品质及养分表观消化率的影响》，《饲料研究》2023年第14期，第20—23页。

[27] 张研、张国宇、宁小敏等：《发酵杂交构树对奶山羊公羊生长性能、肉品质及肌纤维特性的影响》，《中国饲料》2025年第3期，第166—172页。

[28] 郑洁：《构树在尼罗罗非鱼幼鱼饲料中的基础研究》，华南农业大学硕士学位论文，2018年。

[29] 郑晓凯、王义翔、李双明等：《杂交构树青贮对阿勒泰羊生长性能、血液参数、免疫功能和抗氧化能力的影响》，《草业科学》2025年第2期，第482—493页。

[30] Deng J, Wattanachant S, Jaturasitha S, et al. Effects of dietary mulberry leaf powder on growth performance, carcass yield and meat quality of goose[J]. Animal Science Journal, 2018, 89（7）：1040–1046.

[31] Li H, Chen Q, Zhao J, et al. Mulberry leaf flavonoids improve growth performance and intestinal microbiota of meat geese[J]. Animals, 2019, 9（11）：990.

[32] Niu KM, Wang YF, Liang XX, et al. Impact of fermented *Broussonetia papyrifera* on laying performance, egg quality, lipid metabolism, and follicular development of laying hens[J]. Poultry Science, 2023, 102(5): 102569.

[33] Tang T, Bai J, Ao Z, et al. Effects of dietary paper mulberry (*broussonetia papyrifera*) on growth performance and muscle quality of grass carp (*ctenopharyngodon idella*)[J]. Animals (Basel). 2021, 11(6):1655.

[34] Tang T, Tong F, Zhao S, et al. Effects of fermented *Broussonetia papyrifera* on growth, intestinal antioxidant, inflammation and microbiota of grass carp (*Ctenopharyngodon idella*) [J]. Aquaculture Report, 2021, 20: 100673.

[35] Zhang YL, Yang HJ, Huang RZ, et al. Effects of *Lactiplantibacillus plantarum* and *Lactiplantibacillus brevis* on fermentation, aerobic stability, and the bacterial community of paper mulberry silage[J]. Frontiers in Microbiology, 2022, 13: 1063914.

[36] Zhang YJ, Shen SB, Niu KM, et al. Dietary supplementation with fermented *Broussonetia papyrifera* enhances tissue mineral depositionand intestinal microbiome in finishing pigs[J]. Journal of Animal and Feed Sciences, 2025, 34(1) , 42−54.

[37] Zhu YP, Tao ZY, Chen XC, et al. Effects of broussonetia papyrifera−fermented feed on production performance, egg quality, and caecal microbiota of laying hens during the late laying period[J]. Italian Journal of Animal Science, 2022, 21(1): 659−672.

后　记

　　《中国杂交构树产业发展蓝皮书（2024）》是在中国乡村发展志愿服务促进会统一部署和丛书编委会及本书评审专家悉心指导下编写完成。本书编写组成员共10人，由来自国内科教单位的专家学者、政府机关官员和企业高管等组成，涵盖杂交构树育种、繁苗、种植、饲料、养殖、农机、销售等领域，涉及一二三产业。全书由沈世华研究员统稿，各章撰写人员如下：

绪　论

　　　　沈世华（中国科学院植物研究所研究员）

第一章　杂交构树产业发展基本情况

　　　　万　丹（中国科学院亚热带农业生态研究所副研究员）

　　　　沈世华（中国科学院植物研究所研究员）

　　　　倪奎奎（中国农业大学草业科学与技术学院副教授）

　　　　屠　焰（中国农业科学研究院饲料研究所研究员）

　　　　董世平（中国农业机械化科学研究院研究员）

第二章　杂交构树产业发展外部环境

　　　　万　丹（中国科学院亚热带农业生态研究所副研究员）

　　　　沈世华（中国科学院植物研究所研究员）

　　　　罗朝立（农业农村部中国乡村振兴发展中心副主任）

　　　　倪奎奎（中国农业大学草业科学与技术学院副教授）

　　　　徐雨俊（中国农业科学研究院生物技术研究所博士）

　　　　屠　焰（中国农业科学研究院饲料研究所研究员）

　　　　董世平（中国农业机械化科学研究院研究员）

第三章　杂交构树产业发展重点区域

沈世华（中国科学院植物研究所研究员）

第四章　杂交构树产业发展重点企业

冉　贤（中科天华生物科技有限公司董事长）

沈世华（中国科学院植物研究所研究员）

熊　伟（中植构树（菏泽）生态农牧有限公司董事长）

第五章　杂交构树产业发展的代表性产品

王占彬（河南科技大学动物科技学院）

冉　贤（中科天华生物科技有限公司董事长）

沈世华（中国科学院植物研究所研究员）

熊　伟（中植构树（菏泽）生态农牧有限公司董事长）

第六章　杂交构树产业发展效益评价

沈世华（中国科学院植物研究所研究员）

第七章　杂交构树产业发展趋势与对策

沈世华（中国科学院植物研究所研究员）

　　本书由编委会主任刘永富会长审核。编写过程中得到原国家林业局经济发展研究中心主任黎祖交教授的大力支持，40家杂交构树产业样本企业提供了产业发展基本信息，其中中科创构（北京）科技有限公司、中科天华生物科技有限公司、中植构树（菏泽）生态农牧有限公司、中乡同构（北京）农业科技发展有限公司、安徽宝楮生态农业科技有限公司等提供了企业介绍，为本书贡献了大量有价值的内容，才让这本蓝皮书得以全面、准确地展现杂交构树产业的发展现状及未来趋势。在此，我们怀着感恩之心，向所有为本书付出心血的单位和个人致以最诚挚的谢意。此外，中国出版集团有限公司及研究出版社工作人员在时间紧、任务重、要求高的情况下，为本书的出版付出了大量的精力和心血，在此一并表示衷心的谢意！感谢所有被本书引用和参考的文献作者，是你们的研究成果为本书提供了参考和借鉴。由于编写时间短，本书仍存在一些不足和有待改进与完善的地方，真诚欢迎专家学者和广大读者批评指正。

本书编写组

2025年5月